AF322446

L'ÉLÈVE

DE

L'ÉCOLE POLYTECHNIQUE,

OU LA

RÉVOLUTION DE 1830.

PAR HYPPOLITE W***.

TOME III.

PARIS.

LA CHAPELLE, ÉDITEUR,

RUE SAINT-JACQUES, N° 75.

LECOINTE, QUAI DES AUGUSTINS, N° 49.

CORBET AÎNÉ, MÊME QUAI, N° 61.

PIGOREAU, PLACE ST.-GERMAIN-L'AUXERROIS.

1830.

L'ÉLÈVE

DE

L'ÉCOLE POLYTECHNIQUE,

OU LA

RÉVOLUTION DE 1830.

En vain elle presse contre son
cœur Ernest n'est plus

L'ÉLÈVE

DE

L'ÉCOLE POLYTECHNIQUE,

OU LA

RÉVOLUTION DE 1830.

PAR HYPPOLITE W***.

*

TOME III.

*

PARIS.

LA CHAPELLE, ÉDITEUR,
RUE SAINT-JACQUES, N. 75.

LECOINTE, QUAI DES AUGUSTINS, N. 49.
CORBET AINÉ, MÊME QUAI, N. 61.
PIGOREAU, PLACE ST.-GERMAIN-L'AUXERROIS.

—

1830.

L'ÉLÈVE

DE

L'ÉCOLE POLYTECHNIQUE,

OU LA

RÉVOLUTION DE 1830.

CHAPITRE PREMIER.

Le Généralissime.

Le bruit du canon est parvenu jusqu'à Saint-Cloud et Charles l'a entendu sans éprouver aucune émotion. Au contraire, il s'est livré à

Cependant la désolation régnait à la cour. On y savait tout ce qui se passait à Paris. Si la vérité ne pouvait parvenir jusqu'au Roi, on espérait au moins la faire entendre à une princesse dont jusqu'alors on avait vanté les sentimens populaires. La réponse qu'on lui attribue ne s'accorde guère avec ceux qu'elle avait laissé jusqu'alors éclater,

« Ce sont de grands enfans, ré-
» pondit-elle, ils crient, on les fouet-
» tera un peu plus fort pour les faire
» taire. »

Il n'y avait rien à répliquer, puis-qu'aucun d'eux ne voulait rien faire pour échapper aux dangers qui les menaçaient ; ils devaient tous subir les conséquences de leur aveugle obstination.

La France se trouvait sans gouvernement, le peuple sans chefs et sans magistrats. Les troupes seules respectaient encore les ordres de celui qui avait été roi. Sans doute, ceux qui le précipitaient du trône espéraient que l'anarchie naîtrait d'un tel désordre, et que la France, pour éviter les maux qu'ils lui préparaient, s'exposerait à des calamités non moins grandes.

Telle était leur espérance ; mais elle fut encore déçue. Le bon ordre n'a été troublé que par eux : il n'a existé de violences que celles qu'ils ont commises.

Le dauphin cependant commençait à sortir de sa stoïque apathie. Tout insupportable qu'était le poids d'une couronne, selon son père, il n'était cependant pas fâché d'en essayer, et ne pouvait s'accoutumer à l'idée de la voir passer sur la tête d'un autre sans en avoir auparavant couvert la sienne.

Cet homme aussi apte à la royauté qu'à prendre la lune avec les dents, comme l'aurait dit madame de Sévigné, n'était donc pas dégagé de tout sentiment d'ambition; mais l'inertie l'emportait sur tout autre.

Le père et le fils se regardaient en soupirant:

— « Ah ! s'écriait l'un.

— » Oh! disait l'autre.

— » Les coquins !

— » Les scélérats !

— » S'ils allaient me déposer.

— » Et nos alliés.

— » Ah! oui! comptez dessus.

— » Tu crois qu'ils ne me ramè-
» neraient pas bien encore une fois.

— » Ce serait pour la troisième.

— » Nous les avons fait payer gé-
» néreusement, je pense.

— » Si je suis obligé de partir, je
» sais bien ce que je ferai.

— » Que ferez-vous donc, Sire ?
» vous prendrez un parti désespéré ?

— » Il ne sera pas dit que j'aurai

» fait entretenir à grands frais, une
» si belle faisanderie pour régaler
» tous ces goujats : demain, si cela
» ne va pas mieux, je ferai couper
» le cou.....

— » A tous vos sujets révoltés !

— » Non, à tous mes faisans.

— » Ah ! que ne pouvons-nous
» en faire autant à tous les chevreuils
» des forêts royales !

— » Que ne puis - je emmener
» tous mes chevaux !

— » Et votre carrosse du sacre ?

— » Quant aux diamans, ils ne me
» quitteront pas.

— » Puissent-ils vous être fidèles !

— » Si nous avions seulement les » trésors d'Alger.

— » C'était bien la peine d'aller » leur conquérir cet empire; si nous » avions pu deviner tout cela, le dey » serait encore bien tranquille chez » lui.

— » Ah! certainement.

— » C'est une chose épouvanta-» ble!

— » Que veux-tu, Antoine, il » faut se soumettre, et comme le dit » le prophète Job.

— » Ah! votre prophète Job...

— » Eh bien, Dauphin.

— » Pardonnez, Sire; mais je ne » suis pas encore résigné.

— » Ce n'est pas que ça ne me
» coûte un peu ; mais que veux-tu
» faire ?...

— » Je ne sais trop.

— » Te sens-tu l'humeur guer-
» rière ? cours revendiquer tes droits ;
» je te cède les miens.

— » J'irais bien..... mais.....

— » Mais quoi ?

— » J'ai peur.

— » Et moi aussi, à te parler
» franchement.

— » Ils n'auraient qu'à me tuer,
» Sire.

— » Ce serait bien possible.

— » Ma foi, à bien prendre, je
» crois que je me résigne.

— » Et moi je te crée, pour te ré-
» compenser, généralissime:

— » A condition que je ne serai
» pas forcé d'aller là-bas.

— » Bien entendu.

— » J'accepte.

— » Seulement, tu passeras les
» troupes en revue, demain matin.

— » Quelles troupes?

— » Celles qui nous resteront fi-
» dèles?

— » Sera-ce bien prudent, cela?

— » Tu trembles toujours.

— » On tremblerait à moins. N'en-

» tendez-vous donc pas le canon,
» Sire ?

— » Eh bien! qu'est-ce que ça te
» peut faire, puisque ce n'est pas
» contre toi qu'il est dirigé ?

— » Ah! c'est égal, on n'est pas
» maître de ça.

— » Tu as bien bravé celui du
» Trocadéro.

— » Bah! vous croyez cela, Sire.

— » Allons, allons, rassure-toi!

— » Mais vous-même, Sire, vous
» n'avez pas l'air trop rassuré.

— » C'est qu'il me semble que j'en-
» tends un bruit extraordinaire.

— » Et moi aussi. »

En ce moment on pénètre jusques chez le roi, et, tout tremblant, le funeste messager annonce que la populace, qui n'a plus de frein, marche sur Saint-Cloud, avec les intentions les plus hostiles.

CHAPITRE II.

La Pièce de canon.

——

La mémorable journée du 28 est terminée, celle du lendemain doit être décisive, la tâche s'avance, mais elle n'est pas encore achevée : des postes de gardes nationaux sont établis dans les divers quartiers de la ville : on continue à barricader les rues, on

redouble de zèle, on est sûr du succès. Un poste important est confié
à Ernest : il le quitte un moment
pour aller rassurer et sa mère et son
Amélie, mais il ne peut rester que
quelques momens auprès d'elles. Il
éprouve un serrement de cœur en
les quittant; malgré lui, quelques
larmes mouillèrent ses paupières.
Dans la crainte d'exciter le leur, il
a soin de leur cacher son attendris-
sement. Le patriotisme du jeune héros est toujours aussi ardent, mais
il a vu tant de ses compagnons d'armes tomber à ses côtés qu'il ne peut
s'empêcher de penser que peut-être
son tour arrivera bientôt.. et sa mère,
son Amélie, que deviendraient-elles,
La nuit est assez calme, la garde

royale est cantonnée dans les envi-
rons du Louvre.

Ernest a toujours auprès de lui son
vieux soldat et ses fidèles ouvriers.

« Eh. bien, commandant, lui dit
» l'un d'eux, ne vous l'avais-je pas
» bien dit que l'avantage serait pour
» nous; mais je l'avoue, je ne croyais
» pas que nous les mènerions si ron-
» dement.

» — Avec des braves comme vous,
» on est toujours certain de la vic-
» toire.

— » Merci, mon commandant, il
» est vrai de dire que mes camarades
» et moi nous n'y allions pas de main
» morte.... mais il fallait ça, ah! ils
» ne s'y fieront plus maintenant à

» vouloir nous museler : il était bon
» de leur apprendre de quel bois se
» chauffe ce peuple qu'ils mépri-
» saient. Car maintenant c'est fini,
» encore demain, et l'affaire sera
» faite.

— » Je le désire.

— » Ah! oui, il ne faut pas que
» les choses tirent en longueur. Main-
» tenant, qui mettra-t-on sur le
» trône? car il nous faut un souve-
» rain.

— »Et nous serons, je pense, tous
» d'un avis unanime, pour le choix
» que nous ferons.

— » Oh! je n'en doute pas, car
» déjà on parle hautement d'un

» prince dont la France admire. de-
» puis long-temps la conduite.

— » Et qui aime son pays, et qui
» ne chercherait pas à nous rendre
» esclaves, puisque lui-même a com-
» battu pour la cause de la liberté.

— » Sans le nommer, nous l'a-
» vons deviné.

— » C'est le duc d'Orléans.

— » Lui-même.

— » Enfin, la France aura donc
» un roi de son choix : un roi qui ne
» devra sa couronne, ni à son am-
» bition, ni à l'étranger, mais à l'es-
» time et à l'amour de ses peuples.

— » Eh! ne sont-ce pas là les plus
» beaux droits?

— » Et les seuls légitimes. »

Cependant le jour a reparu. On se prépare à de nouveaux combats. L'esprit public est toujours le même, toujours même union, même courage! Ernest quitte avec ses amis le poste qu'ils ont occupé pendant la nuit et qu'il n'est plus important de garder pendant le jour. C'est vers la rue Saint-Honoré qu'ils dirigent leurs pas; car les Suisses qui sont retranchés dans le Louvre, et la garde royale, qui occupe la place et les cours du Palais - Royal, paraissent décidés à faire une vigoureuse résistance.

Ils ont de l'artillerie et les nôtres en manquent totalement; mais rien ne peut effrayer nos jeunes héros.

Le péril est grand , sans doute; leur courage le surpasse et ils sauront le surmonter.

Le cadavre du malheureux jeune homme fusillé la veille, ainsi que nous l'avons rapporté plus haut, gisait encore sur le sol natal. Le souvenir de cet acte de cruauté exaspérait les esprits, et ceux qui s'en étaient rendus coupables ne devaient espérer aucune merci.

Après un assez long engagement et qui avait coûté la vie à plusieurs combattans des deux partis, l'enne-mi avait demandé et obtenu une suspension d'armes. Il voulait peut-être parlementer ou se rendre. Loin de là, il ne désirait qu'abuser de la confiance de nos généreux défenseurs pour les surprendre et les immoler. Une détonation terrible a lieu au moment où Villecourt, qui avait cru pouvoir ajouter foi à leur promesse, était allé faire panser sa blessure. Il repousse le médecin, saisit son épée et vole punir les traîtres. Sa présence anime encore le courage de ses amis. Un grand nombre des perfides tombent sous leurs coups. Ernest monté sur la diligence qui avait été renversée entre la rue Croix-des-Petits-Champs et la rue du Coq, commandait la manœuvre et portait à l'ennemi des coups si habilement dirigés qu'aucun n'était perdu. On le remarque, une balle perce son chapeau et le fait chanceler. Il se précipite dans la mêlée :

« A la pièce ! »

Crie-t-il, et tous les efforts des nôtres tendent à s'emparer de la pièce
de canon. Les ennemis la défendaient
avec vigueur; plusieurs des nôtres
furent immolés.

« Du courage, du courage, criait
» Villecourt, et elle est à nous. »

En même temps, le canonnier qui
mettait le feu tombe percé d'un coup
mortel.

Un cri de victoire se fait entendre
dans nos rangs.

Un cri de détresse y répond de
l'autre côté.

Les défenseurs de la liberté redou-
blent de zèle; le vieux compagnon de

Villecourt a retrouvé l'ardeur de la jeunesse : il s'élance : le premier il a mis la main sur la pièce en criant :

« Victoire ! »

Mais hélas ! ce service est le dernier qu'il rendra à sa patrie, une balle meurtrière l'a frappé. Il retient avec force sa nouvelle conquête ; mais la douleur lui fait lâcher prise, Ernest le voit pâlir et chanceler ; il veut le soutenir, il n'a plus dans ses bras qu'un corps inanimé.

CHAPITRE III.

Les Chefs du Peuple.

Dès la veille on avait promis des chefs au peuple et à la garde nationale. Les députés libéraux s'étaient rassemblés et s'étaient occupés de cet acte important : cependant rien de décisif n'avait été arrêté jusqu'alors.

L'Hôtel-de-Ville, après avoir été si long-temps disputé aux nôtres, leur était enfin resté. Les troupes royalistes s'étaient retirées après avoir perdu beaucoup de monde, mais à nous aussi cette victoire avait coûté du sang. Jules avait vu tomber à côté de lui son ami Octave, et avait été assez heureux pour sauver ses jours; à peine l'avait-il mis hors de danger qu'il était revenu s'exposer à de nouveaux périls. L'un des premiers il avait pénétré dans l'antique monument, et il était allé rattacher l'étendard qui pour jamais y demeurera fixé. La place de Grève, les quais étaient jonchés de morts et de mourans. Les derniers gémissemens du vaincu s'unissaient aux cris du vainqueur. Ah! périssent à jamais les fauteurs des guerres civiles. Français, s'il en existe encore parmi nous, purgeons-en la patrie. Ils sont pour nous le fléau le plus redoutable,

Quel plus digne chef pouvait-on proposer à la garde nationale que celui qui déjà l'avait commandée, qui depuis avait consacré toute sa vie à donner la liberté au nouveau monde, et à combattre pour nous rendre celle que l'on s'efforçait depuis si long-temps de nous enlever?

Aussi le nom de Lafayette fut-il prononcé au milieu des acclamations générales. Jamais élection ne fut plus unanime. Le grand homme accepta cette nouvelle preuve de la constante estime de ses concitoyens. Le nom de de La Borde, nommé colonel de l'état-major, ne fut pas moins bien accueilli, ainsi que celui du général Gérard.

Cette heureuse nouvelle parcourut en un instant toute la capitale. Elle porta un terrible et dernier coup aux amis de l'absolutisme; ceux qui conservaient encore quelques lueurs d'espérance, la perdirent entièrement.

Ils attendaient tout de l'anarchie dans laquelle ils espéraient que nous allions tomber, et ils la voyaient fuir avec eux.

Partout on se félicitait sur le choix des chefs : l'allégresse était générale comme le courage: on n'entendait que ces cris :

« Vive Lafayette et la liberté ! »

Déjà le drapeau tricolore avait été arboré sur les tours de la métropole; l'Hôtel-de-Ville en était orné et il flottait sur la plupart des édifices publics; mais le Louvre et les Tuileries portaient encore l'étendard proscrit, il fallait les en dépouiller. Les troupes royalistes ne tenaient plus aucun poste de la ville : la cavalerie s'était même presque totalement portée sur Saint-Cloud: l'accueil qu'elle y avait reçu prouvait assez les craintes de ceux qui l'habitaient. Leur fierté s'était évanouie avec les prestiges de leur puissance. Ils redevenaient bas

et rampans comme lorsqu'ils furent
par toute l'Europe quêter des ennemis à leur patrie. Cette subite tran-
sition leur était habituelle. Déjà plusieurs fois ne s'étaient-ils pas trou-
vés dans le même cas! Mais ce dernier échec sera décisif.

Le Dauphin, créé généralissime
par son père, comme nous l'avons
vu plus haut, parlait avec une trop
tardive popularité aux soldats eux-
mêmes, il les encourageait et leur
faisait encore des promesses qu'il
n'était plus en son pouvoir de tenir.
Mais le pacificateur des Espagnes
borna à de vaines paroles les efforts
qu'il fit pour retenir la couronne
qu'un jour il devait porter : sans
doute que tous ceux qu'il aurait pu

faire pour la reconquérir eussent été infructueux; mais ce n'est nulle-ment cette conviction qui l'arrêta. Le danger l'effrayait, et comme il l'avait dit à son père, Paris ne se serait pas laissé prendre comme le Trocadero.

Mais déjà la plupart de ces hommes qui jusqu'alors avaient obéi aveuglé-ment aux ordres du souverain, re-grettaient de ne pas avoir embrassé le parti du peuple, et témoignaient ouvertement combien ils étaient in-sensibles aux flatteries que l'on em-ployait pour conserver leur appui.

Un général jusqu'alors fier de son titre qu'on pouvait lui contester, et de son grade qu'il avait acquis en venant à la suite des *alliés*, voulant surenchérir sur la popularité du prince, tendit la main à un vieux soldat qui paraissait plus mécontent que ses camarades, et lui dit :

« Allons, mon vieux, du courage, » et les princes te payeront généreu- » sement.

— » Je ne vends pas mes services.

— » On les récompensera alors.

— » Je ferai mon devoir, et on ne » me doit rien pour ça. »

Le général ne trouva plus de ré- plique, car son répertoire n'était guères plus varié que celui de l'ex- Dauphin, et le grognard se tournant du côté de ses camarades :

« Ça va mal, dit-il.

— » Tu crois ?

— » Oh! oui, quand les chefs fla-
» gornent comme ça leurs inférieurs,
» c'est que ça va mal pour eux, je
» t'en réponds.

— » Tu as raison, que je crois,
» car il était joliment farouche autre-
» fois le général.

— » Et il nous a à la bonne au-
» jourd'hui, qu'il croit que nous al-
» lons nous faire hacher pour lui;
» ma foi pas si bête.

» — Et ni moi non plus. »

Et ces mots furent comme un écho
qui passa de rang en rang.

CHAPITRE IV.

Encore un Martyr.

—

Mille cris d'allégresse s'élevèrent dans les rangs des patriotes, lorsqu'ils se virent maîtres de cette pièce d'artillerie. Ernest, tout en partageant la joie de ses frères, déplorait la perte de son ami. Il l'avait porté loin de la mêlée afin que ses vénérables restes ne fussent pas foulés aux pieds. Plusieurs de ses fidèles compagnons l'avaient aidé dans cette pieuse démarche. Ils le pressèrent de venir jouir d'une victoire à laquelle il avait contribué.

La pièce de canon ne pouvait servir à ceux qui s'en étaient emparés, car ils manquaient des munitions nécessaires. On convint de la traîner à la Bourse, où déjà une ambulance pour les blessés était établie. Ceux qui avaient aidé à la conquérir furent placés dessus et conduits ainsi jusqu'à sa destination au milieu des acclamations et des félicitations de leurs concitoyens.

L'âme de Villecourt était trop profondément affectée pour prendre part à cette allégresse; il pouvait combattre et non se réjouir. La perte de son libérateur était trop récente. Il le vengeait cependant et son bras invincible éclaircissait les rangs ennemis. Remarqué par ses adversaires, plus d'une fois leurs armes avaient été dirigées contre lui; mais jusqu'alors il avait été assez heureux pour échapper à leurs coups.

Les Suisses renfermés dans le Louvre, faisaient un feu presque continu sur nos frères; déjà plusieurs fois on avait essayé de leur enlever ce poste important; mais ils le défendaient avec acharnement. Ernest, à la tête des siens, parvint à les en débusquer, et de ce moment le désordre se mit dans l'armée royale; les lanciers qui occupaient le Carrousel reçurent l'ordre departir pour Saint-Cloud, et ils mirent une telle célérité dans leur course, qu'en dix minutes ils furent rendus à la cour.

Tout y était en émoi. Cette princesse qui la veille nous traitait d'enfans était forcée de reconnaître que nous étions des hommes : elle vint elle-même, les yeux baignés de larmes, au-devant des troupes, et leur offrit des rafraîchissemens.

Parvenu jusqu'au coin de la rue de Rivoli, Ernest et sa troupe s'emparèrent de plusieurs barils de poudre qui servirent à un tout autre usage que celui auquel on les avait destinés. Puis ils revinrent sur leurs pas pour aider les patriotes à vaincre le reste de la garde et des Suisses qui se battaient encore. Ils avaient forcé l'entrée de plusieurs maisons, et tiraient sur le peuple : après un long combat, ils sont enfin vaincus :

« Aux Tuileries ! »

Crie Ernest, il vole : il immole tout ce qui lui résiste, il atteint la grille... il l'escalade... Ernest tombe en poussant un cri déchirant... Il est mortellement blessé.

Les braves ouvriers sont là : sans penser qu'ils ont leurs jours à défendre, ils veulent essayer de sauver les siens : ils parviennent à relever son corps inanimé : la balle a fracassé les reins ; mais l'infortuné respire encore : on le transporte avec les plus grandes précautions , où lui-même a transporté plusieurs blessés. Le médecin qui la veille a pansé sa légère blessure est chargé du triste soin d'examiner celle qu'il vient de recevoir : il conserve peu d'espérance.

Rien ne peut peindre le désespoir de ces braves qui depuis trois jours combattent aux côtés du malheureux Villecourt : l'un vante sa générosité, l'autre son courage ; mais , hélas ! toutes ces louanges ne détourneront pas la faux de la mort impitoyable.

La foule s'est amassée auprès de la maison où l'on a conduit l'intéressant blessé.

Jules, qui dans la dernière affaire n'avait reçu qu'une légère blessure, vient à passer : il s'informe du motif de ce rassemblement : il a un pressentiment que c'est d'Ernest dont on lui parle lorsqu'on lui a dit qu'un élève de l'Ecole polytechnique frappé mortellement, vient d'y être amené. Il monte : Villecourt venait de reprendre ses sens et ses premiers regards furent pour son ami : il voulut parler; mais les paroles expiraient sur ses lèvres.

Jules interrogeait les yeux du médecin et il ne comprenait que trop ce qu'ils lui exprimaient.

Jules, l'âme navrée de douleur, était depuis plus d'une heure au chevet de son ami lorsque ce dernier put enfin proférer quelques mots.

« Cher Jules, lui dit-il, j'ai un » service à réclamer de toi.

— » Parle, Villecourt, dispose de » ton ami.

— » Va trouver ma mère, pré- » pare-la à un événement inévitable; » car, je le sens, je n'ai plus que » quelques instans à vivre.

— » Cher Ernest, tout espoir ne » nous est pas ravi.

— » C'est donc à moi à vous ap- » prendre qu'il n'y en a plus à con- » cevoir. Jules, consens-tu à rem-

» plir la triste mission que je te
» confie ?

— » Oh ! mon ami , que ne ferais-
» je pas pour toi !.. »

Ernest le remercia des yeux , il
parut réfléchir un moment, et prenant tout-à-coup une détermination :
« Non , dit-il , je consulterai ma
» mère auparavant. »

Jules sortit et le médecin le suivit.
« Monsieur , lui dit-il , ce jeune
» homme qui porte le même uni-
» forme que vous paraît être de vos
» amis?

— » Il est vrai, monsieur, nous
» étions étroitement liés.

— » Je suis désespéré, monsieur,

» de vous causer de l'affliction ;
» mais je dois vous avouer que cet
» infortuné n'a plus que peu de temps
» à vivre.

— » Quoi ! monsieur, vous n'avez
» aucun espoir de le sauver ?

— » Pas même de conserver ses
» jours au-delà de quelques heures.

— » Et sa mère ! grand Dieu ! elle
» ne pourra lui survivre ; elle qui
» pleure encore son époux, qui n'a-
» vait que son fils pour soutien. Er-
» nest, mon cher Ernest ! ta valeur
» méritait une autre récompense !

— » Je retourne auprès de lui,
» monsieur, son état réclame mes
» soins. Comme vous, je suis sensi-

» ble à son malheur; mais acquittez-
» vous promptement de la commis-
» sion qu'il vous a confiée, autre-
» ment il serait à craindre que vous
» ne le retrouvassiez plus lorsque
» vous reviendrez. »

Le médecin quitte l'ami d'Ernest qui ne peut plus long-temps retenir ses larmes. Il pleure amèrement la perte de son ami, et certes il méritait les regrets de tous ceux qui avaient été à même d'apprécier ses belles qualités.

« Que dire à cette veuve, à cette
» mère infortunée, pensait Jules en
» se rendant chez madame Villecourt:
» quelle consolation lui adresser?
» En est-il pour une mère menacée

» de perdre un aussi bon fils ; un fils
» sur qui reposaient toutes ses espé-
» rances : un fils qui eût été le sou-
» tien de sa vieillesse.. .. elle s'en voit
» privée, séparée pour jamais !.....
» Ah ! je crains que le cœur de l'in-
» fortunée ne se brise de douleur et
» que nous n'ayions bientôt deux
» victimes à pleurer. »

Cependant il a atteint le but de sa
course, il est auprès de la mère de
son ami.

CHAPITRE V.

Les Reproches.

———

Dans un des salons de Saint-Cloud sont rassemblés trois personnages ; deux sont assis : leur tête est courbée sur leur poitrine d'où s'échappent de fréquens et profonds soupirs : le troisième est une femme, elle est debout ; tantôt elle marche précipitamment, tantôt elle reste immobile ; la fureur qui l'agite est peinte sur ses traits, ses regards sont constamment fixés vers la porte; elle paraît attendre un message avec impatience.

Il arrive, elle l'arrache des mains de celui qui le lui présente, et s'écrie en grinçant les dents de fureur :

— « Tout est perdu! »

Les deux hommes poussent un gémissement.

— « De quoi vous plaignez-vous? » N'avez-vous pas recueilli le fruit » de votre funeste empressement? » Ne vous l'avais-je pas prédit? De- » viez-vous tant vous hâter, lorsque » j'avais des moyens de vous assurer » le succès! Fatal voyage! pourquoi

» t'ai-je entrepris ! j'aurais dû le pré-
» voir, me méfier de votre faiblesse...

— » Ma fille !

— » Et vous, comment se fait-il
» que vous n'ayez pas mieux fait
» respecter mes ordres ?

— » Madame...

— » Taisez-vous... au lieu de vous
» affliger ici comme une faible femme,
» ne devriez-vous pas être à la tête
» de vos troupes ?

— » Oui, puisqu'elles fuyaient.

— » Ma fille, qui aurait pu s'at-
» tendre.....

— » Ne vous avais-je pas recom-
» mandé la prudence ? et en avez-

» vous donné preuve, en agissant
» comme vous l'avez fait ?

— » Polignac disait qu'il était sûr
» qu'ils ne bougeraient pas.

— » M. de Polignac ne savait ce
» qu'il disait.

— » Je commence à le croire.

— » Il est bien temps.... quel parti
» prendrez-vous maintenant? Atten-
» drez-vous qu'ils viennent vous
» chasser de ce palais?

— » Dauphine, tracez-nous la con-
» duite que nous avons à tenir.

— » Que n'avez-vous suivi celle
» que je vous avais déjà dictée?

— » Que voulez-vous, ma fille,
» si le mal est sans remède ?

— » Il faut faire comme moi,
» madame, il faut vous résigner.

— » Je ne descends pas du trône
» aussi bénévolement que vous,
» prince, et si j'avais été à votre
» place, je serais morte en défen-
» dant mes droits.

— » J'aime mieux vivre pour les
» soutenir.

— » Et sur qui comptez-vous pour
» les faire valoir ?

— » Sur nos alliés, donc !

— » Détrompez-vous.

— » Nous les payerons double,
» s'il le faut.

— » Vous les payeriez triple qu'ils
» ne reviendraient pas.

— » Vois-tu, Antoine, que je te le
» disais bien.

— » Comment, vous le pensiez et
» vous vous êtes exposé à ce qui vous
» arrive aujourd'hui !

— » Polignac m'avait dit...

— » Polignac, Polignac, vous met-
» tez toujours ce mot en avant.....
» N'étiez-vous donc rien....

— » Peu de chose s'en est fallu
» que je ne me refusasse à signer
» les ordonnances, n'est-ce pas, An-
» toine ?

— » Ah ! c'est à lui que je ne sau-
» rais pardonner.

— » Mais, Madame.....

— » Dauphine, ménagez-le : en

» vérité, vous maltraitez ce pauvre...

— » Sire, il le mérite.

— » Mais enfin que vouliez-vous
» que nous fissions ?

— » Rien.....

— » Mais ces libéraux.

— » Vous deviez les laisser agir.

— » Et recevoir leurs députés,
» n'est-ce pas ?

— » Certainement.

— » Et ils m'auraient encore man-
» qué de respect, comme ils l'ont
» fait la dernière fois.

— » Vous en manquent-ils moins
» en vous chassant ?

—» Je ne suis pas encore parti,
» Dauphine.

— » Ce serait une folie de vouloir
» leur résister maintenant.

— » Sire, la Dauphine a raison ;
» partons, et vite.

— » Prince, je vous reconnais là ;
» quand il s'agit de fuir....

—» C'est vous qui en parlez.....

— » Il aurait bien mieux valu
» nous arranger de manière à rester.

— » Vous en revenez toujours à
» vos moutons.

— » Mes enfans, n'aggravez pas
» ma douleur par vos querelles.

—» Je ne gronde pas; c'est la Dau-
» phine.

— » Il vous siérait bien, lâche que
» vous êtes, de m'adresser le moin-
» dre reproche.

— » Ma fille!...

— » Madame...

— » Oui, si vous eussiez suivi mes
» conseils, j'aurais assujetti le trône
» que vous venez de renverser. J'au-
» rais régné sur ces Français qui me
» redoutent, et je les aurais forcés
» d'obéir à mes lois. Mais la marche
» que vous avez suivie les a exaspé-
» rés, et vous vous êtes livrés vous-
» mêmes à vos ennemis. Quand on
» veut faire des coups d'Etat comme
» celui dont vous déplorerez long-
» temps l'issue, on prend d'autres
» mesures. »

Ici l'entretien est brusquement interrompu par une *auguste* princesse : elle entre éplorée, et s'écrie :

« Le drapeau tricolore flotte sur » les Tuileries ! »

Un cri de terreur se fait entendre.

La Dauphine est obligée de s'asseoir.

Les princes sont frappés d'anéantissement.

Charles doute encore de son malheur, qu'il a si justement mérité ; mais il est forcé de se rendre à l'évidence, et il répète de nouveau :

« Polignac m'avait pourtant bien » assuré !... »

Marie-Thérèse lui jette un regard de mépris.

Louis - Antoine n'ose lever les yeux, dans la crainte de rencontrer les regards irrités de sa femme.

La princesse qui a la première annoncé l'effrayante nouvelle verse d'abondantes larmes, et de toute la famille est la seule qui puisse inspirer de l'intérêt.

CHAPITRE VI.

Les Tuileries.

ELLE ne s'était pas trompée. L'é-
tendard aux trois couleurs avait enfin reparu sur le palais des rois. Le
malheur de leur compagnon d'armes n'avait pas arrêté les patriotes
qui le suivaient. Les grilles avaient
été escaladées, les portes ouvertes,
et le peuple avait enfin pu librement

entrer dans le palais habité depuis trop long-temps par ses oppresseurs.

Bientôt le drapeau tricolore en décora le sommet : la foule se précipita dans les appartemens, et, dans le premier moment d'une joie délirante, quelques abus furent commis ; mais qui que ce fut ne songea à s'emparer des dépouilles du vaincu. On vit encore là ces hommes dont on ne peut trop vanter et le courage et le désintéressement, on les vit encore recommander le respect aux propriétés nationales :

« Il faut bien que nous y remet-
» tions quelqu'un, disait l'un d'eux,
» et si nous dévastons ce château, il

» faudra lui en meubler un autre :
» gardons ce qu'il y a ici, ne fût-ce
» que par économie. »

On vit également bientôt briller
sur l'arc de triomphe du Carrousel,
l'étendard de la liberté qui se dé-
ployait déjà sur le Louvre.

C'en était fait : la patrie était pour
jamais délivrée du joug odieux de
ses tyrans. La liberté avait reparu
dans nos murs, et bientôt toute la
France allait se ranger sous ses douces lois, les seules qui puissent régir
un peuple si grand et si généreux.

Déjà on était certain qu'une partie
de la France suivait l'exemple des
Parisiens, et il n'était pas douteux
qu'il en serait ainsi de tout le reste.

Un corps assez considérable de Rouennais venait d'arriver, et annonçait qu'une troupe beaucoup plus forte n'était plus qu'à quelques lieues de Paris. Partout où ils avaient passé régnaient la même union, le même enthousiasme! tous les Français étaient las des tyrans et voulaient s'en délivrer.

L'airain ne tonnait plus pour foudroyer nos frères, il annonçait la plus éclatante victoire que jamais peuple ait remportée.

Mais hélas! un grand nombre de victimes l'avaient payée de son généreux sang. On s'empressait de prodiguer des soins aux blessés, et de relever les cadavres des martyrs de la liberté. Parmi eux on remarquait beaucoup de vieillards. Ils ne recueilleront pas les fruits de leurs héroïques travaux; mais leur mémoire sera à jamais en vénération parmi nous, et, dans les siècles les plus reculés, le Français ne prononcera leurs noms qu'avec reconnaissance et l'étranger qu'avec respect.

Tous les dangers ne sont pas encore surmontés : on répand le bruit que la garde royale revient sur Paris et que l'artillerie s'empare des hauteurs : le fort de Vincennes n'est pas rendu non plus. On redouble de zèle, d'activité, on multiplie les barricades. Heureusement, ces précautions sont inutiles, l'ennemi a jugé sa cause perdue sans appel; il ne reparaîtra plus.

Le bon ordre se maintient partout. Le peuple qui s'est armé pour réprimer les abus ne doit en commettre aucun: et c'est ce principe qui dirige toutes les actions.

Lafayette et le général Gérard parcourent toutes les rues, et partout ils reçoivent de leurs concitoyens le même accueil.

Déjà on s'occupe de nommer un gouvernement provisoire, car la déchéance de Charles X est définitivement prononcée.

On parle déjà d'élever à sa place le duc d'Orléans. C'est presque l'avis

unanime : il le devient bientôt entièrement.

Car la nation est éclairée : aucun
esprit de parti ne la dirige, et de la
décision qu'elle va prendre dépen-
dent ses futurs destins. Heureuse
dans son choix, comme dans le grand
acte de justice qu'elle vient de consommer, elle n'a plus pour consoli-
der son bonheur qu'à suivre la marche qu'elle-même s'est tracée.

Mais n'est-ce point un vain songe
qui égare nos esprits? Est-il bien réel,
est-il bien possible que trois jours
aient suffi pour renverser le despote
parjure qui se riait de nos larmes, et
nous méprisait assez pour croire qu'il
nous asservirait si facilement?

La révolution de 1830 est un pro-
dige jusqu'alors inouï dans l'histoire
des hommes; fût-elle imitée par tous
les peuples du monde, l'honneur
n'en resterait pas moins à ceux qui
l'ont innovée.

On ne craint plus maintenant de
faire entendre la terrible vérité à celui qui jusqu'alors avait voulu être
sourd à sa voix. Il connaît toute l'é-
tendue de son malheur, et il y paraît
presque insensible. Sa stoïcité n'est
point l'effet d'une philosophique résignation, mais bien de son apathi-
que insouciance.

Enfin, pour la troisième fois il faut
partir : il faut quitter cette belle
France qu'il voulait avilir et qui

le proscrit. Mais où diriger ses pas? il n'a pas même à cet égard de volonté fixe, il laisse le soin de le décider à la Dauphine qui, trop agitée pour prendre en ce moment une détermination positive, propose de se rendre provisoirement à Rambouillet. Charles ne voit aucun inconvénient à cette démarche : il est d'ailleurs si habitué à souscrire aux volontés de l'oracle de la famille, et s'est si mal trouvé de les contredire naguères, qu'il n'oserait braver le courroux qu'un refus ne manquerait pas d'allumer.

L'ex-Dauphine qui témoignait tant de ressentiment à son oncle de la conduite qu'il venait de tenir, ne condamnait cependant que son imprudence et non ses actions. Depuis long-temps elle se proposait d'atteindre le but qu'il venait de manquer; mais pour y parvenir, elle aurait pris une marche plus lente, et n'aurait frappé le coup décisif qu'après s'être assurée qu'il était impossible au peuple de le parer.

Sans doute, le peuple se serait soulevé comme aujourd'hui et aurait fait les mêmes efforts pour reconquérir ses droits; sans doute l'issue du combat aurait été la même; mais la lutte aurait été plus longue, et nous aurions à pleurer un plus grand nombre de victimes: n'aurions-nous à déplorer que la perte d'une seule, Charles n'en serait pas moins un roi parricide, un

tyran indigne du trône qu'il occupait, en horreur à tous ses sujets, à
tout homme né libre et qui connais-
sant ses droits veut en jouir.

CHAPITRE VII.

Mort.

En voyant la consternation peinte sur les traits de l'ami de son fils, madame Villecourt a pressenti une partie de son malheur; mais elle n'en connaît pas encore toute l'étendue. Elle sait qu'il est dangereusement blessé; mais Jules n'a pu prendre sur lui de lui annoncer que la blessure est mortelle. Pendant le trajet, Jules cherche cependant à la prévenir de l'état dans lequel elle va retrouver son Ernest ; mais elle ne paraît ni entendre ni comprendre ses paroles.

Ils sont arrivés : le médecin les attend dans la chambre qui précède celle où Jules avait laissé le malade.

Il les arrête :

« Où est mon fils ? je veux voir mon fils ! »

S'écrie la veuve infortunée.

Il est impossible d'arrêter ses pas : elle se précipite ; elle entre, elle est auprès du lit de son Ernest.

En vain elle l'appelle, en vain elle presse sa main, en vain elle prie le ciel de lui conserver ce fils chéri.

Mère infortunée! tu ne caresses plus qu'un froid cadavre, et le ciel sourd à ses prières, ne rappellera plus à la vie celui qui la tenait de toi.

Ernest n'existait plus.

A peine Jules était-il parti qu'il perdit connaissance et que la mort vint mettre fin à ses cruelles douleurs.

Jules craignit un moment pour les jours de la mère de son ami. Lorsqu'elle fut certaine que son fils n'existait plus, elle poussa un cri déchirant et tomba anéantie.

On la transporta dans une autre pièce : après un long évanouissement, elle reprit ses sens et pleura abondamment. Jules laissa passer ce premier moment d'une douleur qui devait être éternelle. Puis il parla à la mère infortunée de ses autres enfans : « Vous avez raison, Monsieur, » dit-elle, ce n'est qu'auprès d'eux » que je puis recouvrer du courage, » retournons-y. »

Elle jeta un regard douloureux vers la pièce où gissait son malheureux fils, et s'appuyant sur le bras de l'ami d'Ernest, elle sortit.

Une voiture était prête à les recevoir : ils y montèrent.

Pendant la route, madame Villecourt garda le même silence que précédemment. Mais il était facile de lire sur ses traits ce qui se passait dans son âme : une mère seule et qui s'est trouvée dans une aussi, horrible position, pourra se faire une juste idée des tortures qui la déchiraient. Elle retrouva des larmes pour pleurer avec ses enfans le bon frère qu'ils avaient perdu. C'était une scène déchirante; Jules aussi était profondément affligé, Ernest était plus pour lui qu'un simple camarade, c'était un vrai, un sincère ami, et il pleurait amèrement sa perte.

A cette triste pensée, se joignait celle de la situation dans laquelle il laissait sa famille. Nous savons que madame Villecourt ne possédait aucune fortune. Les secours que lui avait fait parvenir Jules devaient être à peu près épuisés. Le généreux jeune homme y a songé; il ne laissera pas la misère atteindre la famille de son ami. Sous le gouvernement qui vient d'être détruit, on pouvait laisser la veuve d'un soldat et sa famille en proie aux horreurs du besoin : qu'avaient de commun le courage et la valeur avec les jésuites et les despotes ? mais aujourd'hui que justice est rendue à qui de droit, il est impossible que la patrie ne vienne pas à l'aide de la veuve d'un de ses défenseurs, de la mère d'un des braves qui ont le plus vaillamment combattu pour la délivrer de ses ennemis.

En attendant qu'il en soit ainsi, Jules a déjà formé un projet, il va de suite le mettre à exécution, c'est-à-dire aussitôt qu'il aura rendu les derniers devoirs à son malheureux ami. Il est obligé de quitter la famille désolée. Madame Villecourt en le voyant partir sent encore s'accroître sa douleur.

« Oh! monsieur, s'écrie-t-elle, » oh! vous que mon Ernest aimait » comme un frère, n'abandonnez » pas sa famille infortunée!

— » Moi! vous abandonner, ah! » une telle idée est loin de moi : je veux » au contraire remplacer autant que

» possible auprès de vous, celui dont
» nous pleurons la perte. Je me mon-
» trerai digne de l'amitié dont il m'ho-
» norait. »

Jules trouva rassemblé auprès de
la maison où gisait le corps de son
ami, les braves ouvriers qui avaient
combattu à ses côtés. Tous versaient
des larmes.

« Monsieur, dit l'un d'eux, en s'a-
» dressant à Jules, nous désirons ne
» quitter notre jeune commandant
» qu'après l'avoir déposé dans sa
» dernière demeure. Nous désirons
» l'y transporter nous-mêmes. Veuil-
» lez ne pas nous refuser cette triste
» satisfaction.

— » Mes amis, leur répondit Jules,

» je vous ai un gré infini des hon-
» neurs que vous voulez rendre à ce
» noble martyr de la liberté, mal-
» heureux que nous sommes de ne
» pouvoir lui donner d'autres té-
» moignages de notre admiration. »

Jules s'occupa alors de tout régler
pour le convoi qui devait avoir lieu
le lendemain, et il retourna auprès
de madame Villecourt.

CHAPITRE VIII.

Dernière Ordonnance.

Un des premiers actes du peuple triomphant fut de briser les fers des hommes de lettres qui, bravant le courroux des tyrans, osaient élever la voix contre leurs exactions. En s'emparant de l'archevêché ce même peuple montra le même désintéressement qu'aux Tuileries. M. de Quélen ne retrouverait plus, il est vrai, dans son palais, tous ces objets de luxe qui le décoraient; mais ils n'ont servi à enrichir aucun de nos défenseurs, et la charité du prélat le porterait sans doute à les regretter d'autant moins que la plupart seront vendus au profit des blessés et des veuves des victimes de ces mémorables journées.

Charles, avant de quitter le château de Saint-Cloud, où il essayait encore de jouer le rôle de roi de France, voulut donner une nouvelle preuve de tyrannie. On ne lui avait point laissé ignorer le dévouement des élèves de l'École polytechnique que l'on ne manquait pas de traiter d'odieuse trahison.

« Polignac, ne puis-je donc plus
» punir ces jeunes rebelles?

— » Sire, la personne du roi est
» inviolable : vous êtes toujours roi
» de France, quoi qu'ils en disent, et
» vous pouvez encore sévir contre
» ces séditieux.

— » Je vais les mettre hors la loi.

— » Les révoltés n'y sont-ils pas?

— » Ah ! c'est vrai. Que faire,
» donc?

— » Il faut dissoudre l'école.

— » C'est cela même. »

Et de suite, ce sublime conseil
est mis à exécution.

Le Dauphin qui savait qu'on ne

se battait plus, avait retrouvé son humeur belliqueuse. Il voulut aller passer en revue les troupes qui avaient évacué Paris. Son père se décida à l'accompagner : il voulait juger par lui-même de quel esprit la garde était animée. Convaincu qu'il ne pouvait plus compter sur elle, on le vit répandre des larmes.

Rentré au château, il donne des ordres pour le départ. Une terreur profonde s'est emparée de lui, il tremble pour ses jours que personne ne songe à attaquer, il parle d'abdication en faveur de son petit-fils, comme s'il était libre de nous donner un maître de son choix. Enfin, il part, et bientôt après le peuple s'em-

pare du palais qu'il vient d'abandonner.

Cependant le gouvernement provisoire se consolide ; les chefs en
sont nommés. La déchéance de
Charles X est officiellement annon-
cée. Les députés assemblés propo-
sent d'offrir au duc d'Orléans la lieu-
tenance-générale du royaume ; tous
les suffrages se réunissent en sa faveur. Il est nommé; il accepte ; il
nous sauvera de l'anarchie, et nous
rendra au bonheur.

On se souvient que lui-même a
combattu pour le triomphe de la
liberté, qu'il a porté les couleurs nationales, et que s'il a été obligé de
quitter sa patrie, il ne s'est jamais

armé contre elle. Jamais il n'a sé-
paré sa cause de celle du peuple,
et le peuple reconnaissant lui a confié les rênes de l'état.

Tout ce qui se passe tient du pro-
dige, une aussi belle cause pouvait
seule produire d'aussi merveilleux
effets.

Nos ennemis restent confondus,
anéantis; ils se cachent; ils fuyent;
ils n'ont rien à redouter des vainqueurs; ils ne songent point à rendre injure pour injure.

La joie est aussi générale que la
désolation l'était naguère. L'espoir
renaît; les beaux arts vont refleurir;
plus d'entraves aux progrès, à la
propagation des sciences; plus d'in-

tolérance, plus de tyrannie, la France en a secoué le joug odieux.

On reçoit des nouvelles des provinces ; peut-être Charles X comptait-il encore sur l'appui de quelques-unes, pour entretenir la guerre civile qu'il avait allumée ; il doit perdre ce criminel et dernier espoir ; partout où les Ordonnances ont été publiées, la même indignation a éclaté, et l'exemple de la capitale a été immédiatement suivi. Cependant plusieurs de ces émissaires se sont empressés de partir pour l'Ouest, dans la coupable intention d'exciter le peuple à embrasser la défense du monarque détrôné ; mais leurs efforts doivent rester sans succès. Ils n'en recueilleront que la honte d'avoir échoué dans leur projet et la conviction que le régime de l'absolutisme ne peut plus convenir à la France.

Les Rouennais annoncés la veille par leurs concitoyens, se présentent aux portes de la capitale. Ils sont reçus avec l'enthousiasme que doit exciter leur dévouement. Ils ne sont pas les seuls qui viennent au secours de leurs concitoyens : des détachemens nombreux de la garde nationale du Hâvre sont également en chemin. Cette parité de sentimens est effrayante pour ceux contre lesquels elle est dirigée. Aussi Charles X et sa famille ne se croient-ils bientôt plus en sûreté à Rambouillet. A peine cependant l'ex-roi y est-il arrivé qu'il fait distribuer de l'argent à ses troupes. Il ne connaît que ce moyen pour entretenir ou réchauffer leur zèle ; mais hélas! il est éteint, il ne peut plus se le dissimuler ; en vain il décore de sa main ceux qui ont montré du courage et du dévouement. Il ne sait pas que cette distinction déshonore à jamais celui qui en est l'objet.

On lui rapporte que la plupart désertent et que sous peu il va se trouver sans escorte.

« Il faut arrêter les fuyards et les » fusiller sur-le-champ! »

S'écrie le Dauphin.

— « C'est cela même ! mon fils a » raison; au moins leurs camarades

» ne seront plus aussi tentés de les
» imiter. »

Mais de tous ces moyens aucun
ne réussit à leur gré : il n'y avait plus
de discipline dans cette armée, la
voix des chefs était méconnue, et
personne ne voulait plus obéir à ceux
qui n'avaient plus le droit de com-
mander.

CHAPITRE IX.

Le Convoi.

—

Amélie a passé une nuit horrible ; de noirs pressentimens l'obsèdent : mademoiselle Bernard cherche à la rassurer ; mais elle ne l'est pas trop elle-même, et elle finit par partager les terreurs de sa fille adoptive.

Ernest, en la quittant, lui a promis

de venir la rassurer le lendemain; avec quelle impatience elle l'attend!

Comme la veille, elle est aux enquêtes. Elle apprend enfin le triomphe du peuple. Les Tuileries sont en son pouvoir, on ne se bat plus.

Elle court annoncer cette heureuse nouvelle à son amie, et la bonne demoiselle partage bien sincèrement sa joie.

« Ernest ne peut tarder à venir, di» sait-elle. »

Et cependant Ernest ne venait pas.

D'abord, elle fut mécontente, puis alarmée, et lorsque la nuit arriva sans qu'elle eût revu son amant, elle fut

en proie à tous les tourmens de l'in-
quiétude.

Mademoiselle Bernard était trop
souffrante pour qu'il fût possible de
la laisser long-temps seule, la demeure de madame Villecourt était
assez éloignée. D'ailleurs, dans un tel
moment de trouble, Amélie n'aurait
pas osé se hasarder seule, dans les
rues et à une telle heure.

Force lui fut donc d'attendre jusqu'au lendemain ; mais quelle nuit
affreuse elle passa l'infortunée ! Dans
les songes, elle voyait son Ernest
pâle, mourant, couvert de blessures.
En vain son amie cherchait à rani-
mer son espoir, elle n'en avait plus.

Le jour arriva enfin : l'anxiété de

la jeune fille était extrême. Il lui est impossible de rester plus long-temps dans une aussi cruelle indécision. Mademoiselle Bernard paraît moins souffrante, elle sommeille : Amélie prend son schall, descend ses cinq étages. Elle se rend chez la mère de son amant, elle veut savoir ce qu'elle a à craindre ou à espérer.

Au détour d'une rue, elle se trouve en face d'un convoi; six hommes portaient sur leurs épaules un cercueil recouvert d'un drap mortuaire, sur lequel se voyaient l'habit, l'épée et le chapeau d'un élève de l'École polytechnique.

Un enfant marche à la tête du cortége : Amélie l'a reconnu; c'est le

frère de son Ernest. Plus de doute :
il est mort : elle veut cependant en
acquérir la certitude.

« Quel est ce convoi ? » demande-
t-elle.

— « C'est celui d'un brave jeune
» homme mort en combattant pour
» sa patrie.

— » Son nom ?

— » Je l'ignore : tout ce que je
» sais, c'est que cet enfant qui suit le
» cercueil est son frère. »

Pas un mot ne sort de la bouche
de l'infortunée, pas une larme ne
s'échappe de ses yeux. Elle reste
anéantie. Le cortége s'est depuis long-
temps éloigné qu'elle est encore

fixée à la place où elle l'a rencontré. Elle est un objet d'intérêt et de curiosité pour tous les passans. Enfin elle recouvre l'usage de ses sens : elle réunit ses forces pour rejoindre sa demeure; elle a peine à y parvenir : plusieurs fois ses jambes tremblantes lui refusent leur appui.

Enfin, elle a atteint son modeste asile.

Elle tombe dans les bras de madame Bernard qu'elle inonde de ses larmes : cette tendre amie y mêle les siennes, le temps seul pourra calmer une aussi vive douleur.

Jules et Octave avaient conduit leur ancien ami à son dernier asile : tous les braves ouvriers qui

avaient combattu à côté de lui, as-
sistaient à son convoi. La terre avait
reçu sa dépouille mortelle : la mort
l'avait frappé au printemps de sa vie,
mais le souvenir de ses hauts faits
devait être éternel.

Octave ne connaissait pas la situation de madame Villecourt, Jules
la lui apprit, certain qu'il le secon-
derait dans ce qu'il avait résolu de
tenter pour la rendre plus supporta-
ble. Quelques jours s'étaient à peine
écoulés, qu'ils recueillirent le fruit de
leurs généreuses instances. La mère
du malheureux Ernest était pour jamais à l'abri du besoin, mais hélas ! elle avait trop chèrement payé
ce changement de fortune.

CHAPITRE X.

Les Commissaires.

Aucune crainte ne troublait bientôt plus la joie et la tranquillité publiques. Les magasins sont rouverts, chacun vaque paisiblement à ses affaires personnelles. Si Charles n'en prend volontairement le parti, on le forcera à quitter le territoire français. Sa présence ne peut plus y susciter que des troubles qu'il est important de prévenir. Mais où portera-t-il ses pas? C'est le sujet de ses délibérations avec la Dauphine, qui ne cesse de l'accabler de reproches, et ne sait trop elle-même par où diriger sa fuite.

« Allons en Autriche, dit le Dau-
» phin.

— » Je ne veux pas me trouver
» en face du fils de l'usurpateur.

— » En Russie?

— » Le froid m'est contraire.

— » En Espagne?

— » On n'y est pas beaucoup plus
» tranquille qu'ici.

— » En Portugal ?

— » Don Miguel n'est guère hos-
» pitalier.

— » En Angleterre ?

— » Je ne suis pas content du
» nouveau roi.

— » En Suisse?

— » Oh! mon Dieu, oui, chez des
» républicains..... nous serions bien
» venus.

— » Il faut pourtant bien aller
» quelque part.

— » J'aimerais autant rester ici.

— » Il n'y faut pas penser.

— » La forêt de Rambouillet est

» bien peuplée ; si on veut me don-
» ner ce château pour retraite, je le
» prends.

— » Quoi, vous accepteriez quel-
» que chose de ces infâmes qui nous
» ont détrônés?

— » Et le moyen de faire autre-
» ment.

— » Oh! comble de malheur!

— » Antoine, mon fils, vous m'é-
» tonnez; d'où vous viennent donc
» de si étranges sentimens? vaut-il
» mieux mourir de faim que de dé-
» penser l'argent de nos ennemis?

— » Je commence à croire que
» vous avez raison.

— » Qui donc avait cherché à vous
» persuader le contraire?

— » La Dauphine...

— » La colère l'égarait en ce mo-
» ment, sans doute, puisque c'est
» elle qui a dicté la demande que je
» vais adresser à ces messieurs du
» gouvernement provisoire, et même
» l'acte d'abdication que je viens de
» signer.

— » En faveur de qui?

— » De ton neveu.

— » Eh bien! et moi donc?

— » Et toi?

— » Qu'est-ce que je serai?

— » Rien.

— » Et vous croyez que j'y con-
» sentirai?

— » Tels sont mes ordres et mes
» expresses volontés.

— » C'est ainsi que nouveau Char-
» les VI, vous déshéritez votre fils.

— » Eh bien! fais comme Char-
» les VII, reprends tes états...

— » Je ne suis pas conquérant,
» moi.

— » Que veux-tu que j'y fasse ?

— » Pourquoi interrompre l'hé-
» rédité ?

— » Parce que le peuple ne vou-
» drait pas de toi.

— » Et croyez-vous que s'il savait
» quel est celui....

— » Chut !

— » Si on ne respecte mes droits,
» je parlerai.

— » Eh ! je ne t'ai jamais vu
» autant tenir à la couronne qu'au-
» jourd'hui. Crois-moi, mon fils, re-
» nonces-y volontairement, ne fût-
» ce que pour ne pas y être forcé.

— » C'est difficile ; mais je crois
» que je finirai par le prendre sur
» moi.

— » Je te le conseille.

— » Mais nous nous sommes
» étrangement écartés de la ques-
» tion : où irons-nous ?

— » Ta femme le décidera.

— » Mon avis serait que nous

» quittassions la France le plutôt
» possible.

— » Au contraire , du moins ce
» n'est pas ainsi que pense la Dau-
» phine ; il faut retarder notre dé-
» part le plus possible. Nous avons
» des espérances sur la Vendée, et
» le triomphe des libéraux n'est pas
» encore si bien assuré qu'on ne
» puisse le leur enlever.

— » Vous croyez ?

— » Polignac l'a dit.

— » Ah ! c'est différent, quoiqu'il
» ait cependant dit bien des choses
» qui ne sont pas arrivées.

— » Que veux-tu ? on ne peut pas
» tout prévoir.

— » Ni tout savoir.

— » Les intentions étaient bonnes.

— » C'est dommage que le fait n'y
» ait pas répondu.

— » Oui, c'est cruel, de succom-
» ber au moment où, l'on se croit
» assuré de la victoire.

— » C'est comme si maintenant
» nous l'arrachions aux libéraux.

— » La même chose.

— » Ah ! si nous pouvions rentrer
» à Paris en vainqueurs.

— » Sire, des commissaires vien-
» nent de nous être dépêchés pour
» vous ordonner de quitter vos états ,
» dit entrant brusquement la du-
» chesse d'Angoulême.

— » Est-ce une mauvaise plaisan-
» terie ? demanda le Roi.

— « Non, c'est une réalité, une
» triste réalité.

— » Et vous nous annoncez cela
» juste au moment où nous parlions
» de rentrer dans Paris.

— » Vous vous en êtes pour jamais
» fermé les portes....

— » Allons, ma fille, plus de ré-
» crimination, je vous prie. Dites-
» moi, faut-il que je reçoive ces com-
» missaires ?

— » Vous ne pouvez le refuser.

— » Que leur dirai-je ?

— » Que vous ne con sentirez pas
» à quitter la France avant que votre

» acte d'abdication en faveur du duc
» de Bordeaux n'ait été reçu et ac-
» cepté : mais mettez de la fermeté.

— » De la fermeté; pour la pre-
» mière fois que je me suis mêlé
» d'en avoir , cela ne m'a guère
» réussi.

— » Alors , laissez - vous chasser
» honteusement.

— » Pour Dieu , ne vous empor-
» tez pas. J'attendrai l'arrivée de ces
» messieurs, et je ne les recevrai que
» devant vous , votre présence me
» soutiendra. »

Aussitôt que son épouse paraissait, le dauphin avait pour habitude
de garder le plus profond silence ;

aussi s'était-il bien gardé de prendre la moindre part à la conversation depuis qu'elle était survenue.

CHAPITRE XI.

A Rambouillet !

Le jour même où le lieutenant-général du royaume était allé présider à l'ouverture des chambres, les commissaires nommés par le gouvernement provisoire, pour protéger la fuite de l'ex-monarque, revinrent à Paris.

Ainsi que le lui avait prescrit l'ex-

Dauphine, Charles avait refusé de quitter Rambouillet avant d'avoir reçu une réponse à l'acte d'abdication qu'il avait fait parvenir au chef du gouvernement.

Cette pièce elle-même est une des preuves les plus irrécusables de la perfidie de l'ex-roi, car les sentimens qu'elle énonce présentent une disparate choquante avec toutes ses actions. Il prétend être tellement affligé des maux qui menacent ses peuples, que pour les prévenir il se décide à abdiquer en faveur de son petit-fils.

Le Dauphin cède par la même raison tous ses droits à son neveu. En conséquence, le lieutenant-général est chargé de faire proclamer roi de France, le jeune Henri V, de régler les formes du gouvernement pendant la minorité du roi, et de faire connaître le plus tôt possible à l'ex-souverain la proclamation par laquelle son petit-fils sera élevé sur le trône.

On tint de cette pièce le compte qu'elle méritait et on ne songea même pas à y répondre : ce n'était plus au monarque déchu de dicter des lois, mais bien à se conformer à celles que l'on aurait à lui dicter.

A peine le refus qu'il avait fait de quitter le château où il s'était réfugié fut-il connu, que l'on prit de suite un parti décisif.

« Il faut l'aller trouver en force,
» dit-on , il verra que le vœu
»unanime de la nation est qu'il
»parte....

— »Oui , oui, criait un ouvrier,
»j'appuye la motion et nous som-
»mes ici plusieurs mille qui en fe-
»rons autant : partons, partons ;
»pendant que nous sommes en train,
» nettoyons le pays de tous ces mau-
»vais hôtes.

— » Partons !

— » Partons !

— »Pour aller où ? » demandent
des survenans.

—«A Rambouillet pour aller prier
» Charles et les siens de nous dé-
»barrasser de leur présence.

— » Vivat ! partons ! »

Et la foule se grossit tellement qu'en moins de deux heures plus de vingt mille hommes se trouvent prêts à entreprendre le voyage.

« Allons, amis , nous verrons s'il » se décidera enfin , lorsqu'il verra » tant de ses ex-sujets le venir implo- » rer. »

Les omnibus , les fiacres , les cabriolets de place , tous les moyens de transports sont mis en réquisition pour accélérer la marche de ces zélés patriotes. Ils partent en chantant la Marseillaise.

Les commissaires sont également repartis pour Rambouillet.

Charles résistera-t-il encore ? faudra-t-il que le sang coule de nouveau pour le forcer à comprendre sa position? Peut-il croire que quelque chose en France puisse encore dépendre de sa volonté ? ne s'est-il pas au contraire, livré à la merci du peuple, dans le sang duquel ses mains ont trempé?

C'est une étrange prétention que de vouloir disposer d'un bien qui ne nous appartient plus.

Le trône est vacant parce que le peuple en a chassé le tyran qui l'occupait: c'est un prince de son choix qui doit l'occuper, et non celui qu'il plaira au monarque détrompé de lui imposer. Mais l'aveuglement ou plu-

tôt l'obstination et l'ineptie de Charles
sont elles, qu'il sera impossible de
bien le pénétrer de cette vérité qu'il
n'est rien en France et pour la France;
que ses sujets pour lesquels il s'était
montré sans pitié, ont fourni une
grande preuve de clémence en lui
laissant la vie sauve, lui qui ne leur
avait laissé qu'à opter entre la mort
et l'esclavage.

Les Rouennais et les Havrais qui se
dirigeaient sur Paris, et qui étaient
déjà arrivés les uns à Poissy, les
autres à Saint-Germain, n'ont pas
plutôt appris le nouveau mouvement
qui s'opère, qu'ils prennent tous la
route de Rambouillet.

Les habitans des campagnes, non

moins patriotes que les citadins, les suivent et se mêlent dans leurs rangs.

En vain on a cherché à les séduire, à surprendre leur bonne foi, par d'insidieux avis, par l'appât de l'or, ils sont demeurés inébranlables : ils se sont montrés Français.

C'est en chantant des airs nationaux depuis si long-temps interdits, en criant vive la France et la liberté, que ces fidèles interprêtes de nos volontés font gaiment le voyage. Si les troupes qui entourent la personne de l'ex-roi veulent faire de la résistance, ils sont préparés à les combattre avec le courage et la constance qu'ils viennent de déployer dans les événemens antérieurs. Leur armée se grossit de minute en minute, déjà plus de cinquante mille hommes la composent, et cependant ils ne sont pas encore à Rambouillet. Insensé vieillard! à quoi t'exposes-tu?

CHAPITRE XII.

Confidence.

———

« RAGUSE, vous vous êtes trop
» pressé d'annoncer mes volontés à
» ces commissaires.

— » Sire, vous me l'aviez ordonné.

— » C'est vrai ! mais la Dauphine
» prétend que vous auriez dû aller
» la trouver, et lui communiquer

» ma réponse avant de la leur trans-
» mettre.

— » Sire, une autre fois....

— » Mais concevez-vous rien de
» plus malhonnête que ce procédé
» de messieurs les Parisiens?

— » Il est vrai, Sire, qu'ils en agis-
» sent avec une grossièreté.....

— » Mais en vérité, de mon temps,
» le peuple n'était pas du tout le
» même qu'aujourd'hui.

— » A qui le dites-vous, Sire?

— » Il ne se mêlait jamais des af-
» faires d'Etat.

— » Cependant, Sire, la révolu-
» tion de 89...

— » Je n'y étais pas ; je ne peux
» pas en parler. Et franchement, je
» n'ai jamais voulu m'en mêler. Mais
» je me souviens qu'avant cette ré-
» volution il n'y avait rien de fa-
» cile à conduire comme ce peuple
» qui aujourd'hui s'insurge pour un
» rien. En vérité, du train dont cela
» marche, les peuples seront bientôt
» les souverains des rois.

— » Et c'est ce qu'il faut empê-
» cher.

— » Et j'en donne l'exemple : d'ail-
» leurs, j'ai juré d'être ferme, et je
» dois tenir mon serment... J'avais
» bien aussi juré d'observer la Charte
» que mon frère leur avait donnée ;
» mais mon confesseur m'a relevé

» de ce serment, tandis que pour ce
» dernier, il est inexorable ; je le lui
» ai demandé plusieurs fois, et il a
» toujours fait la sourde oreille. Vous
» pensez bien que je ne peux pas
» faire autrement que de tenir bon ;
» autrement, je risquerais le salut
» de mon âme ; et après la privation
» de chasser à mon aise, c'est l'en-
» fer que je redoute le plus. D'ail-
» leurs, j'en conviens, j'ai beaucoup
» de fautes à expier. Je n'ai pas tou-
» jours été raisonnable, et n'ai pas
» toujours chassé le même gibier
» qu'aujourd'hui.... J'ai même sur le
» cœur certaine peccadille pour l'ex-
» piation de laquelle j'ai fait déjà
» bien des sacrifices.... C'est inouï
» aussi tout ce que j'ai donné à ces

» jésuites, qui aujourd'hui me lais-
» sent là.... Ce pauvre Louis XVI....
» c'est envers lui que je fus coupa-
» ble... et mon frère, le dernier roi,
» m'en a toujours su mauvais gré.
» Il ne m'aimait pas beaucoup,
» Louis XVIII, et je le lui rendais
» bien; parce qu'il avait plus de goût
» pour l'étude que moi, il préten-
» dait que je ne saurais jamais gou-
» verner mes Etats..... Il a fait une
» belle cure, en nous liant les mains
» avec sa Charte! Eh! sur notre trône,
» nous n'avons pas autant de droits
» que le moindre prince russe, qui a
» ceux de vie et de mort sur ses su-
» jets... Je voudrais bien voir que les
» Cosaques se permissent, envers
» l'empereur de Russie, ce que mes-

» sieurs les Parisiens viennent de se
» permettre envers moi.....; s'il se
» laisserait comme ça mettre tout
» bonnement, de gaîte de cœur, à la
» porte, et s'il trouverait plaisant
» qu'un de ses parens vienne pren-
» dre sa place, parce que ses peu-
» ples le lui préfèrent. Ah! je ne
» souffrirai pas cela non plus, et je
» vous sais gré maintenant d'avoir
» relancé messieurs les commissai-
» res, qui ne sont que des impu-
» dens. D'ailleurs, à quoi ça leur ser-
» vira-t-il de me renvoyer? Pensent-
» ils que je me tiendrai pour battu?
» Du tout.... Ils m'ont repris trois
» fois, ils me reprendront bien qua-
» tre, et je veux être de retour à Pa-
» ris pour l'ouverture de la chasse.

— » Sire, je crains que ce ne soit
» plus difficile que vous ne pensez.

— » Raguse, m'aimez-vous?

— » Ah, Sire, pouvez-vous m'a-
» dresser une telle question ?

— » Eh bien, ne me parlez pas
» comme ça, ça me fait de la peine.

— » Sire...

— » Oui, ça me fait de la peine, la
» Dauphine ne fait que me répéter
» la même chose du matin au soir,
» et je ne suis pas fâché d'entendre
» un autre langage; ne fût-ce que
» pour faire diversion, voyez-vous.

— » Au reste, Sire, à tout bien cal·
» culer, je ne vois pas que ce soit
» impossible.

— » A la bonne heure.

— » Certainement, vous pouvez
» facilement être aux Tuileries dans
» un mois.

— » Non, à Saint-Cloud, la belle
» saison ne sera pas passée.

— » A Saint-Cloud, soit.

— » Écoutez, je fais un rappro-
» chement qui vous paraîtra extraor-
» dinaire, car il n'y en a sans doute
» aucun entre l'homme dont je vais
» vous parler, et moi.

— » Sire, je vous écoute.

— » Combien l'usurpateur à son
» retour de l'île d'Elbe, a-t-il mis de
» temps pour se rendre à Paris ?

— » Sire, ce fut l'affaire de quel-
» ques jours.

— » Une huitaine, n'est-ce pas ?

— » Un peu plus, Sire.

— » Je mets quinze jours..... en
» prenant un mois, ce n'est pas pré-
» tendre aller trop vite... Je reste ici,
» à moins qu'on n'accepte mon ab-
» dication en faveur du duc de Bor-
» deaux ; car alors, tout serait changé.

— » Et si le gouvernement provi-
» soire persiste dans son refus?

— » Je persisterai dans le mien.
» Ne vous ai-je pas dit que jusqu'au
» bout je montrerai de la fermeté?

— » Je crains que Votre Majesté
» ne s'expose beaucoup en suivant
» cette idée.

— » Raguse, je vous ai prié de ne
» me pas contrarier; ce n'est pas pour
» entendre des reproches ou des avis
» que je me suis délivré de la Dau-
» phine pour quelques instans : juste-
» ment la voilà , et le ton de sa voix
» me prouve qu'elle est encore plus
» irritée que de coutume : comment
» lui échapper! Ah! Maréchal, dites-
» lui , je vous prie , que je viens de
» recevoir le sacrement de pénitence,
» et que je suis à dire mon acte de
» contrition.»

CHAPITRE XIII.

Départ.

———

C'ÉTAIT effectivement la Dauphine qui venait trouver son oncle, et lui apprendre qu'une multitude d'hommes armés se portaient sur Rambouillet, pour le forcer à quitter de suite le château et la France le plus promptement possible.

La princesse paraissait furieuse, et malgré tout ce que put lui dire Raguse pour l'empêcher de pénétrer auprès de son oncle , elle se présenta subitement devant lui :

« Sire, il n'y a plus rien à espérer:
» les rebelles, nous poursuivent: ils
» vont nous atteindre: il faut partir.

— » Les enragés! ils ne me laisse-
» ront pas le temps de me recueillir
» un moment.

— » Vous aurez tout le temps de
» faire des méditations.

— » Où allons-nous?

— » N'est-il pas convenu que nous
» nous rendons d'abord en Angle-
» terre?

— » C'est vrai; ce que j'en disais,
» c'était dans le cas où vous auriez
» changé de détermination.

— » Je ne prends jamais une réso-
» lution sans en avoir pesé toutes les
» conséquences.

— » C'est pour moi que vous dites
» cela?

— » Ai-je tort?

— » Changeons d'entretien: je suis
» fâché maintenant que nous ayons
» renvoyé les commissaires.

— » Ils sont de retour.

— » Et mon abdication?

— » On l'accepte.

— » Et le duc de Bordeaux sera
» proclamé roi?

— » Il est bien question de cela !

— » En ce cas, je reste.

— » Au contraire, vous partez.

— » Qui l'a dit?

— » Moi.

— » Oh! alors, il n'y a rien à ré-
» pliquer... c'est pénible, cependant;
» Polignac m'avait pourtant dit...

— » Les voitures sont préparées,
» le moindre retard peut être fatal.

— » Comment, je n'aurai pas seu-
» lement le temps de faire emballer
» une douzaine de mes meilleurs fu-
» sils de chasse?

— » Pouvez-vous, dans un tel mo-
» ment, vous occuper de semblables
» bagatelles !

—» Vous en parlez bien à votre
» aise, Dauphine; mais je vous assure
» que c'est un rude crève-cœur pour
» moi... et mes chiens favoris, si je
» savais seulement qu'ils en auront
» soin.

—» Sire, je rougirais pour vous
» que l'on vous entendît, dans un tel
» moment, manifester de pareils re-
» grets. Quand on perd une couronne
» de France, on a d'autres pertes
» à déplorer que celle de chiens de
» chasse et de fusils.

—» Puisque je ne suis plus roi,
» je ne vois pas pourquoi je ne parle-
» rais pas selon mon cœur; assez
» long-temps je me suis imposé une
» contrainte pénible.

— » Partons, vous dis-je..»

Ce n'est plus une invitation, c'est un ordre auquel le faible Charles ne cherche pas à résister. Il monte en voiture avec assez de tranquillité. Mais le Dauphin est loin d'être aussi calme: tous ses tics sont devenus des convulsions, et il s'agite comme un démoniaque.

« Est-ce que le Dauphin a un accès » de fièvre chaude? » demande l'impassible Charles X.

La Dauphine lève les épaules et ne répond rien.

Son époux voudrait parler; mais il ne peut prononcer que des phrases incohérentes : la voiture s'ébranle, ils sont partis.

A peine a-t-on fait une demi-lieue que le roi pousse une exclamation et ordonne d'arrêter.

« Qu'y a-t-il ? » demande la Dauphine.

— «Et les diamans de la couronne?

— » Nous les avons laissés.

— » Et pourquoi ?

— » Parce qu'il a mieux valu les » leur abandonner de bonne volonté » que de nous les voir enlever de force.

— » Comment, vous croyez, Dau- » phine, qu'ils auraient poussé jus- » ques-là l'oubli de toutes les con- » venances ?

— » J'en suis convaincue.

— » Mais c'est inimaginable, et Po-
» lignac m'avait pourtant dit....

— » Pour Dieu, ne nous rebattez
» plus la tête de M. de Polignac !

— » Soit. Je garde le silence, et
» pour passer le temps je vais dire
» mon rosaire. »

Et le pieux ex-souverain se mit à
réciter ses patenôtres.

Charles X annonça le projet de se
rendre à Cherbourg pour de là passer en Angleterre. Le voyage était
long : il devait traverser un pays et
se rapprocher d'un autre qui avaient
autrefois embrassé avec chaleur une
cause avec laquelle il aurait voulu
que l'on confondît la sienne. Mais il

fut bientôt forcé de renoncer à ce dernier espoir. La voix de ses émissaires ne fut point écoutée : on les regarda comme des messagers de la discorde.

Partout où passa l'ex-famille royale, on eut pour son infortune, toute méritée qu'elle était, les plus grands égards. Tous affectaient de ne vouloir en aucune façon communiquer avec les commissaires auxquels cependant ils durent leur salut. Mais, ainsi que nous l'avons dit, un des défauts dominans de l'ex-roi était l'ingratitude.

La tranquillité qui régnait partout le royaume, l'union qui existait en-

tre les citoyens, les frappait d'éton-
nement :

« Les ingrats! disait le Roi, il n'y
» en a pas un seul qui fasse le moin-
» dre effort pour me retenir. Ah! je
» ne m'attendais pas de la part de mes
» peuples à une telle indifférence.

— » Sire, un roi doit se faire aimer
» de ses sujets ou s'en faire craindre.

—» Alors, d'après ce que je vois,
» je n'étais ni craint ni aimé. Dau-
» phine, je ne m'attendais pas à un
» tel compliment de votre part.

— » Ce n'en est point un que je
» prétends vous faire, c'est une vérité
» que je vous dis.

— » Ah! si j'avais su; mais Poli-
» gnac prétendait....

— » Encore ?

— » C'est vrai ; j'oubliais….. »

Par fois, l'ex-monarque montait à cheval, et son fils en faisait autant. Le premier quittait la France presque sans regrets, le second ne voyait que la perte de la couronne qu'il attendait, parce que l'égoïsme se rencontre encore dans les âmes les plus nulles. La Dauphine était triste, parce qu'elle ne pouvait exprimer ses sentimens : la duchesse de Berry pleurait ; elle regrettait la France et était la seule que l'on plaignît

Enfin , Charles a atteint le but de son voyage : il a quitté le sol de la France, et il paraît que malgré tout ce qui aurait dû le convaincre qu'il en était banni pour jamais, l'insensé conserve encore le chimérique espoir d'y reparaître un jour.

Ainsi que la Dauphine, il a dit à ceux qui l'avaient accompagné :

« Nous nous reverrons bientôt. »

Prétend-il les réunir tous dans le lieu de son exil, ou peut-il encore se flatter de faire armer l'Europe pour soutenir sa cause ? assez de sang n'a-t-il donc pas été versé pour la défendre ? est-il donc irrassasiable du sang de ses sujets ?

La réception qu'il a reçue en Angleterre ne peut encore dissiper

son étrange aveuglement, ou plutôt
c'est chez lui un parti pris de ne pas
revenir sur ses premières idées.

CHAPITRE XIV.

Le Tartufe.

Nos lecteurs n'ont sans doute pas oublié la vieille comtesse du faubourg Saint-Germain, chez laquelle s'était rendu l'homme noir, qui avait trouvé si inconvenant le manque de politesse des ouvriers qu'il avait rencontrés dans la journée du 26 juillet, époque à laquelle lui et les siens

12

croyaient leur triomphe décidément assuré.

L'homme noir, car en écrivain impartial il faut rendre justice à qui de droit, l'homme noir, donc, ne s'était pas tenu oisif pendant tous les événemens qui venaient de se passer, et il avait montré pour le soutien de sa cause un zèle presque égal à celui de nos braves.

Il avait eu soin de revêtir un costume qui éloignait tout soupçon de sa véritable profession : il se glissait dans tous les groupes qu'il rencontrait, parlait avec la véhémence d'un vrai patriote de tout ce qui se passait, et tonnait contre ces ordonnances qui comblaient ses plus chers désirs. Puis, lorsqu'il était certain d'être regardé par les auditeurs comme un zélé partisan de la révolution, il faisait signe à quelques-uns d'entr'eux, et confidentiellement leur communiquait ses craintes et ses alarmes : s'il voyait que son odieuse ruse réussissait, il ne les quittait qu'après avoir semé la terreur dans leur âme, et cherchait ainsi à anéantir leur courage et à les empêcher de se réunir à leurs frères.

Mais l'un d'eux, dont la bonne foi s'était laissé surprendre par le dévouement apparent du jésuite à la plus sainte des causes, le rencontra le surlendemain répandant toujours l'alarme et la terreur. Il le laissa jusqu'au bout jouer le rôle perfide dont il s'acquittait à merveille, puis lorsqu'il voulut entraîner quelques-uns de ceux qui l'écoutaient, il eut soin de se joindre à eux. Le Tartufe moderne ne le reconnaissant pas, répéta à peu de chose près ce qu'il lui avait déjà dit la surveille. Lorsqu'il eut terminé son indigne manœuvre :

« Messieurs, dit-il, je vous dé-
» nonce cet homme comme un fourbe,
» un imposteur, un agent du jésui-
» tisme, salarié sans doute par ses
» pareils pour ralentir le zèle des
» bons citoyens.

— » Moi, monsieur !

— » Oui, vous.

— » Vous me faites injure !

— » Je vous rends justice : avant-
» hier , n'avez-vous pas agi dans le
» Palais-Royal comme vous venez de
» le faire ici? Ne m'avez-vous pas
» moi-même tiré à l'écart pour me
» communiquer, disiez-vous, des nou-
» velles certaines ; ne m'avez-vous
» pas dit que plus de cinquante mille
» hommes marchaient sur Paris? que
» les troupes alliées avaient passé la
» frontière, et que vous pensiez bien
» que les patriotes n'auraient pas le
» dessus?

— » Vous vous méprenez.

— » Je vous reconnais : au reste,
» suivez-moi au poste et sachons qui
» vous êtes.

— » Je suis comme vous un bon
» citoyen, zélé pour le bien de son
» pays....

— » Je ne vous crois pas.

— » Et vous avez raison, » s'écrie
un nouvel interlocuteur : « Je le re-
» connais, moi, le révérend, quoi-
» qu'il ait changé de masque : dites-
» nous, mon vieux, depuis quand
» donc avez-vous jeté le froc aux
» orties? »

L'abbé rougit et pâlit tour-à-tour;
il voit qu'il est reconnu et qu'il lui
est impossible de nier plus long-
temps; cependant il ne se souvient
pas d'avoir jamais vu l'homme qui
trahit son incognito et il balbutie :

— « Je ne vous connais pas. »

— » C'est possible, monsieur de St.
» Acheul, mais moi je vous connais.
» Lundi dernier, n'avez-vous pas ren-
» contré des ouvriers sur le Pont-au-
» Change?

— » Je ne m'en souviens pas.

— » Tant pis pour vous, si vous
» manquez de mémoire; mais j'en ai
» pour nous deux, l'ancien, et je
» me souviens fort bien que vous avez
» trouvé très-mauvais que nous ne
» vous saluions pas lorsque vous êtes
» passé à côté de nous, et que vous
» nous avez lancé un coup - d'œil
» qui aurait pu nous effrayer si nous
» avions craint vous et vos pareils.

— » Et il ne portait pas alors le
» costume qu'il a aujourd'hui !

— » Non, il était en abbé de cour,
» les cheveux poudrés.

— » Et pourquoi ce travestisse-
» ment?

— » Ces nouvelles effrayantes?

— » Ces confidences?

— » Eh bien ! vous demandez pour-
» quoi ; la fourberie est évidente.

— » Elle est atroce.

— » Il faut en faire un exemple.

— » Qu'il soit fusillé sur-le-champ,
» comme un traître.

— » Non, non, ne souillons pas
» nos mains dans un sang aussi vil...
» Où demeures-tu, l'abbé?

— » Au faubourg Saint-Germain,
» chez la comtesse de...

— » Va-t-en.

— » Quoi ! vous le laissez aller ?

— » Sans lui infliger le moindre
» châtiment ?

— » Il serait plus prudent de l'ar-
» rêter.

— » Non, accordons-lui sa liberté;
» qu'il aille dire à ses pareils, que le
» peuple les méprise, qu'il se rit de
» leurs complots et saura les déjouer
» tous, et que leur règne finit quand
» celui du bon droit commence...
» Allons, file, l'abbé, et vivement.

— » Bravo ! bravo !

— » C'est ainsi que se vengent les
» Français.

— » Un moment, monsieur le ca-

» fard, reprend le citoyen qui le pre-
» mier avait signalé l'hypocrite un
» moment, la reconnaissance, il pa-
» raît, n'est pas votre vertu habituel-
» le : il est bon de vous le rappeler.
» Avant de partir, saluez et remer-
» ciez votre libérateur.

— » Je ne veux ni de ses saluts ni
» de ses remerciemens ; il ne me doit
» rien personnellement, j'ai parlé et
» agi au nom de tous. »

Cependant, le tartufe s'incline profondément, il se découvre et balbutie
quelques mots d'une manière inin-
telligible.

Il s'éloigne à pas lents ; mais à
peine est-il hors de la vue de ceux
qui viennent de le traiter selon ses

œuvres, qu'il accélère sa marche : il craint que quelque changement ne s'opère dans les intentions généreuses de ces vrais patriotes, et il ne se croit en sûreté que lorsqu'il a atteint le but de sa course rapide.

Il avait fixé sa résidence chez la comtesse, ne se croyant plus en sûreté dans le palais du ministre dont il dirigeait la conscience, et nous savons dans quel sens les jésuites faisaient agir leurs pénitens.

CHAPITRE XV.

Un baron.

Depuis cette algarade, le cher abbé n'osait plus sortir dans la crainte de se rencontrer encore nez à nez avec quelques-uns de ces hommes qu'il avait traités avec tant de dédain, et qui, aujourd'hui, pouvaient lui rendre mépris pour mépris. Tous aussi pouvaient ne pas être aussi généreux que celui qui l'avait été assez pour prendre sa défense. Et puis, il avait peine à se remettre de la frayeur qu'il avait eue.

Depuis le 26 juillet, le baron n'avait pas reparu chez la comtesse; on ne savait trop ce qu'il était devenu pendant toute la durée de la révolution : personne ne pouvait en fournir de nouvelles.

Enfin, il se présente chez son ancienne amie, qui demeure on ne peut plus étonnée de le voir entrer avec un air presque triomphant et son chapeau orné d'une énorme cocarde tricolore.

— « En vérité, baron, puisqu'on » n'y est pas forcé, je ne vois pas

» pourquoi vous vous affroquez de
» ce symbole de la révolte.

— » Chère comtesse, la prudence
» avant tout, l'opinion après.

— » L'abbé a montré plus de dé-
» vouement que vous.

— » Bah !

— » Mais certainement..... Il est
» encore fort souffrant des suites
» de sa.....

— » De sa blessure !

— » Non.....

— » De quoi donc?

— » De sa peur.

— » Eh bien, et moi donc, d'ici
» à plus de trois ans, je ne serai pas
» remis de la mienne.

— » Que vous est-il donc arrivé,
» cher baron?

— » Ah! m'y faire songer est ré-
» veiller une terreur que je ne peux
» vaincre..... vous ne croiriez pas,
» comtesse, que ces misérables m'ont
» forcé à faire le coup de fusil avec
» eux.

— » Ah! mon Dieu!

— » C'est comme j'ai l'honneur
» de vous le dire.

— » Et vous avez tiré sur les
» nôtres?

— » Il a bien fallu.

— » Ah! c'est une horreur, je me
» serais plutôt fait hacher.

— » Se faire hacher, c'est bien

» facile à dire ; moi, je tiens à la vie,
» et j'ai d'abord cherché à conser-
» ver la mienne.

— » Enfin, qu'avez-vous fait ?

— » Je revenais de chez le comte
» Peyronnet, pour les jours duquel
» je tremblais, lorsqu'au détour d'une
» rue, je me trouve en face d'une
» foule d'hommes armés, qui se di-
» rigeaient vers le Louvre. L'un d'eux
» m'aborde et me dit : Monsieur, vous
» êtes un bon patriote, je pense. Je
» réponds par l'affirmative, ne sa-
» chant trop ce que je disais : Eh
» bien ! reprend cet enragé, voilà un
» fusil, suivez-nous. Reculer était
» impossible ; j'avance donc et me
» trouve bientôt en face de l'en-

» nemi..... des patriotes. Que faire?
» J'aurais été fusillé sur-le-champ, si
» j'avais fait la moindre tentative
» pour passer du côté des nôtres. J'ai
» donc tiré.

— » Sur eux ?

— » Je m'en suis bien gardé, je
» tirais en l'air.....

— » Ainsi, vous êtes sûr de ne pas
» avoir versé le sang des soutiens de
» la monarchie.....

— » Oh! très-sûr.

— » Mais comment avez-vous fait
» pour vous tirer de là ?

— »Je vais vous le dire.... Nous
» avions.... ou plutôt ils avaient for-
» cé les patriotes ou plutôt les trou-
» pes aristocratiques à se réfugier

» dans le Louvre, lorsqu'une fusil-
» lade terrible se fait entendre du
» côté de la rue Saint-Nicaise : ils
» s'élancent comme des furieux et je
» me trouve entraîné par le torrent;
» mais comme je ne suis plus très-aler-
» te, surtout lorsque je marche contre
» mon gré, je me trouve un des der-
» niers : aussitôt, je m'avise d'un ex-
» pédient, je fais un cri, je ne peux
» faire un pas de plus ; je me suis
» foulé le pied.

— » Ou du moins vous êtes censé
» vous être donné une entorse.

— » Censé, comme vous dites.
» Une vieille fruitière qui ne se doute
» pas que c'est une ruse.... de guer-
» re, veut à toute force me faire en-

» trer chez elle et me faire mettre le
» pied dans de l'eau de puits. Je par-
» viens à la détourner de ce projet
» qui ne me convenait nullement, et
» je continue mon chemin en parais-
» sant souffrir : mais dans un mo-
» ment où je suis sûr de n'être aper-
» çu de personne, j'entre dans une
» allée, j'y dépose l'arme fatale, et
» prenant mes jambes à mon cou, je
» cours jusques chez moi où je m'en-
» ferme à double tour.

— » Voilà ce qui s'appelle de la
» présence d'esprit.

— » Et du courage.

— » Enfin, vous êtes remis ?

— » Pas trop.

— » Tout est fini, cependant;

— » Ils le disent.

— » Et vous?

— » Moi, je n'en sais trop rien.

— » L'abbé prétend que non.

— » Ah! parce qu'il le désirerait.

— » Et vous ?

— » Moi, j'aime autant que l'on
» s'en tienne là.

— » Et le Roi?

— »Qu'il devienne ce qu'il voudra;
» je n'ai pas envie de me faire tuer
» pour lui. Qu'a-t-il fait pour la no-
» blesse depuis qu'il est sur le trône?
» rien: il ne voyait que le clergé. Eh
» bien, que le clergé replace la cou-

» ronne sur sa tête : et si j'étais de
» vous, comtesse, je ne garderais pas
» ce jésuite plus long-temps chez
» moi, cela peut compromettre votre
» sûreté personnelle.

— » Vous croyez?

— » J'en suis sûr.

— » Il m'a rendu quelques servi-
» ces lorsqu'il dirigeait la conscience
» des princes.

— » Je suis certain que vous les
» lui avez payés.

— » Mais, je me suis montrée re-
» connaissante.

— » En ce cas, vous ne lui devez
» rien et vous seriez bien bonne de

» vous exposer à des désagrémens
» pour un homme de sa robe.

— » Il y a huit jours seulement
» vous en parliez avec plus de véné-
» ration.

— » Que voulez-vous, autre temps,
» autres mœurs !

— » Baron, vous êtes une gi-
» rouette.

— » Comtesse, il vaut mieux plier
» que rompre.

» — J'aurai plus de fermeté que
» vous.

— » Et si vous vous en trouvez
» comme Charles X, vous n'aurez pas le
» droit de m'en faire des reproches. »

Les deux amis se quittèrent assez

froidement et ne devaient cependant plus se revoir; car le baron, qui avait encore eu plus de frayeur qu'il ne l'avait témoigné, tomba malade, et fut pris d'une fièvre ardente qui ne le quitta que lorsqu'il eut rendu le dernier soupir.

Il n'emporta les regrets de personne, l'égoïsme ayant présidé à toutes les actions de sa vie.

L'abbé est bientôt en état de supporter la voiture. La vieille comtesse en fait son directeur, et pour le remettre entièrement, l'emmène passer à la campagne le reste de la belle saison.

CHAPITRE XVI.

Le Récit.

——

« CONTE-NOUS donc au moins, et
» d'une façon véridique, tout ce qui
» vous est arrivé dans vot' voyage à
» Rambouillet : ça doit être curieux.

— » Jusqu'à présent, autant de
» gens, autant de récits ; mais nous
» comptons que le tien sera fidèle.

— » Et tu peux le croire. Ah ça,
» toi, tu t'es acquitté de la commis-
» sion.... heim ? t'as été faire planter
» des ifs autour de la fosse de ce
» bon jeune homme, de ce brave
» M. Villecourt... Il m'est impossible
» d'y penser sans que les larmes
» m'en viennent aux yeux... il avait
» sauvé mon frère; j'aurais voulu pour
» un bras pouvoir lui rendre le même
» service.

— » C'est vrai que c'était un digne
» jeune homme: mais enfin, que
» veux-tu, nos regrets ne le ressusci-
» teront pas.

— » Je le sais bien; mais je serai
» mort avant qu'il soit banni de ma
» mémoire.

—» Et de la nôtre ; mais enfin ton
» récit.

— » Je commence. Blessés tous
» deux, vous ne pouviez m'accom-
» pagner dans cette dernière expédi-
» tion, et j'en suis fâché, car c'est la
» plus belle partie de plaisir que j'aye
» faite de ma vie. Tout le long de la
» route c'était des acclamations à
» n'en plus finir : on nous applaudis-
» sait ; on répondait par mille cris à
» nos cris de vive la France ! vive la
» liberté ! nous recrutions à chaque
» instant, et nous n'étions pas à Ver-
» sailles que nous étions plus forts
» en nombre de moitié.

» Enfin, nous arrivons ; mais bah !
» les lâches étaient décanillés. Je me

» doutais bien aussi qu'ils ne nous
» attendraient pas, et que cette garde
» royale que nous avions si bien
» frottée dernièrement ne s'y rejoue-
» rait pas. Dame! c'est que je t'avoue
» que nous étions décidés tous à ne
» lui pas faire de quartier ; mais notre
» subite apparition les a tellement
» surpris, qu'ils n'ont eu le temps de
» rien prendre avec eux, aussi som-
» mes-nous tous revenus dans les
» voitures de la cour, et ramenant
» en triomphe les diamans de la cou-
» ronne, que nous avons conduits
» jusqu'au palais du lieutenant-géné-
» ral.

— » Et vous avez dû en recevoir
» un accueil...

— » Dame! soigné comme bien tu
» penses : il ne dédaignait pas, lui,
» de presser nos mains dans les sien-
» nes; il nous appelait ses amis, ses
» enfans.

— » Et nous le serons, va, car il
» sera nommé roi.

— » Ça devrait déjà être fait :
» pourquoi tant barguigner, ça de-
» vrait être fini, il me semble qu'il
» ne doit y avoir qu'une voix là-
» dessus.

— » Mais comme tu y vas, toi!
» songe qu'il y a huit jours, nous
» avions encore les jésuites sur le
» dos.

— » Enfin, Dieu merci, nous en
» sommes débarrassés.

— » *Amen.* La garde a fait sa sou-
» mission, et si on ne nous avait pas
» retenus, notre intention était de
» courir après Charles X et de le for-
» cer à déguerpir plus promptement
» qu'il n'a envie de le faire.

— » Il veut donc s'en aller à pe-
» tites journées ?

— » Oui, sous le prétexte de son
» grand âge. Il ne peut plus faire
» qu'une dixaine de lieues par jour
» et en voiture encore, tandis qu'à la
» chasse il en faisait une vingtaine à
» cheval.

— » Ah ! c'est que, vois-tu, c'est
» une fière corvée pour lui que de
» quitter le royaume.

— » Pourquoi s'en est-il fait chas-

» ser? il ne peut s'en prendre qu'à
» lui-même.

— » Ainsi, voilà qui est terminé.

— » Comme tu le dis fort bien,
» c'est fini. Je suis content de moi,
» j'ai pris part au premier acte de la
» révolution et au dernier.

—»Et nous avons atteint notre but.

— » Grâce à Dieu et à notre cou-
» rage. Oh! combien je regrette que
» ce brave jeune homme ne puisse
» jouir de notre triomphe : qui
» nous aurait dit, il y a quinze jours,
» que je rentrerais en triomphe à
» Paris dans les voitures de la cour?
» c'est là-dedans que l'on roule mol-
» lement. Ah! mon cher, que je suis
» fâché que tu n'ayes pas pu être des

» nôtres ; et puis, cette scène du re-
» tour, comme elle était attendris-
» sante ! un prince au milieu de son
» peuple, sans garde, sans méfiance.

— » Et pourquoi diable veux-tu
» qu'il en ait ! n'est-il pas sûr de l'a-
» mour des Français ? Ah ! sois tran-
» quille, va, celui-là n'ira pas cher-
» cher des Suisses pour le garder,
» c'est nous qui le garderons, nous-
» mêmes, et malheur à quiconque
» oserait seulement le regarder de
» travers.

— » Sois tranquille, aussi, plus
» de jésuites, plus de Ravaillac.

— » Ma foi, plus j'y pense, plus
» je trouve que nous avons agi en
» vrais amis de la patrie.

— » Dame! il était temps, il fal-
» lait les faire sauter, ou, ma foi, ils
» nous auraient fait danser la malai-
» sée, c'était bien leur compte.

— » Oui; mais dans ce monde,
» chacun à son tour, et celui les
» braves gens est arrivé.

— » Allons, il se fait tard, un
» toast à la France, et séparons-
» nous.

— » C'est juste.

— » Nous avons donné l'exemple
» du désintéressement et du courage,
» donnons aussi celui des bonnes
» mœurs. Que ces musqués de l'an-
» cienne cour apprennent enfin à

» connaître ce peuple qu'ils dédai-
» gnaient tant !

— » Tu parles comme nous pen-
» sons.

— » Et je le sais de reste. »

Tous trois se retirèrent paisiblement dans leur modeste demeure ;
ils s'étaient battus avec courage, et le
danger passé ils redevenaient comme
auparavant de paisibles citoyens ; ils
ne demandaient aucune récompense ;
la victoire qu'ils avaient remportée
était le seul prix qu'ils attendissent
de leur dévouement. Oh ! Charles,
Charles ! de quel peuple tu t'es sé-
paré !

<hr>

CHAPITRE XVII.

Un Roi constitutionnel.

Le succès du voyage de Rambouillet a consommé le grand œuvre. La révolution est terminée ; les tyrans sont chassés ; il ne reste plus qu'à asseoir sur des bases solides, le gouvernement qui vient d'être établi. La France rajeunie va révoquer les abusives lois, que le génie du fanatisme et de la discorde inspirait ses ardens oppresseurs.

Les chambres, fidèles interprètes des vœux de toute la nation, appellent au trône de France le lieutenant-général du royaume. Son avènement à la couronne comble tous les désirs ; avec un tel monarque, le bonheur du peuple est assuré.

Le duc d'Orléans prend le titre de Philippe Ier, roi des Français. Dans les premiers temps de la monarchie la couronne était élective et nos souverains portèrent le titre de roi des Français jusqu'à Philippe II, l'*Auguste*, qui le premier se qualifia roi de France.

Philippe d'Orléans a eu des prédécesseurs de son nom ; mais comme il est le premier roi constitutionnel de fait et de droit, qui l'ait porté, il prend le titre de Philippe Ier.

Le 9 août, le roi que se sont donné les Français, prête un serment qu'il tiendra, parce que ce prince ne connaît la restriction mentale que de nom. Aussi sa voix est ferme, elle est l'organe de ses pensées, lorsqu'il prononce cette formule du serment :

— « En présence de Dieu, je jure » d'observer fidèlement la Charte » constitutionnelle avec les modifica- » tions exprimées dans la déclara- » tion, de ne gouverner que par les » lois et selon les lois, de faire ren- » dre bonne et exacte justice à cha-

» cun selon son droit, et d'agir en
» toute chose dans la seule vue de
» l'intérêt, du bonheur et de la gloire
» du peuple français. »

A peine le nouveau souverain a-t-
il cessé de parler que mille cris se
font entendre.

— « Vive le roi des Français !

— » Vive Philippe Ier ! Vive la
» reine ! » entend-on de toutes parts.

Le monarque manifeste l'intention
de parler. Le silence que l'on avait
observé pendant qu'il prononçait le
serment, se rétablit.

Nous répéterons ici ses propres
paroles :

« Je viens de consommer un grand

» acte. Je sens profondément toute
» l'étendue des devoirs qu'il m'im-
» pose. J'ai la conscience que je les
» remplirai. C'est avec cette pleine
» conviction que j'ai accepté le pacte
» d'alliance qui m'était proposé.

» J'aurais vivement désiré ne ja-
» mais occuper le trône auquel le
» vœu national vient de m'appeler ;
» mais la France attaquée dans ses
» libertés, voyait l'ordre public en
» péril : la violation de la Charte avait
» tout ébranlé : il fallait rétablir l'ac-
» tion des lois, et c'était aux cham-
» bres qu'il appartenait d'y pour-
» voir. Vous l'avez fait, Messieurs :
» les sages modifications que nous
» venons de faire à la Charte, garan-

» tissent la sécurité de l'avenir. La
» France, je l'espère, sera heureuse
» au-dedans, respectée au-dehors; et
» la paix de l'Europe de plus en plus
» affermie. »

Ce n'était point là de ces décevantes promesses que Charles faisait à son peuple, en méditant sa ruine, ce n'était point de ces vaines paroles auxquelles depuis long-temps on n'ajoutait plus foi, puisque toujours elles étaient restées sans effet, c'était l'expression de sentimens vrais, l'annonce d'intentions pures dont nous nous empresserons tous de faciliter l'exécution. Les spectateurs de cette scène solennelle témoignèrent le plus vif enthousiasme, et Philippe,

en se rendant à son palais, put juger
de l'amour que lui portent ses nouveaux sujets, par leurs vives acclamations et la joie que sa présence ré-
pandait parmi eux.

Bientôt cette heureuse nouvelle
s'est propagée par toute la France :
partout elle a reçu le même accueil.
Si Charles X l'a voulu, il en a pu
juger, car la voix des flatteurs ne re-
tentit plus à son oreille, l'infortune
en disperse toujours la foule cupide,
mais ce n'est pas dans la nouvelle
cour qu'ils peuvent espérer trouver
un refuge : le vrai mérite y sera seul
admis, la voix de la vérité sera la
seule qui s'y fera entendre, et la
seule qui y sera écoutée. Que de-

viendront alors la plupart des anciens hôtes des Tuileries?

Le bruit s'était d'abord répandu que l'infâme Polignac avait quitté la France et s'était rendu en Belgique, et de là à Londres. Ses affidés sans doute étaient enchantés que l'on se trompât ainsi sur le véritable lieu de sa résidence. Mais le ciel ne permit pas que l'auteur de tant de maux échappât au juste châtiment que lui méritent ses forfaits. Polignac en valet n'était nullement déguisé : seulement, il passait pour être celui de la marquise de Saint-Fargeau, au lieu d'être celui des jésuites. On le reconnut donc, et il fut arrêté. Rien n'est plus singulier que sa conduite depuis ce moment. Il ne conçoit rien à celle que l'on tient avec lui, il ne peut même en soupçonner la cause. Qu'a-t-il donc fait pour mériter la violence dont on use à son égard? le bien de la France l'a constamment dirigé dans toutes ses actions : il n'a jamais eu en vue que son bonheur. Des mal intentionnés se sont plus à calomnier et à mal interpréter toutes ses actions. Enfin, il est innocent, très-innocent des crimes qu'on lui impute, et il réclame comme une chose de toute justice et qu'on ne peut lui refuser, sa mise en liberté, purement et simplement.

Ou monsieur de Polignac est faux, ou c'est une dérision que cette lettre dans laquelle sont consignées toutes les billevesées qu'il débite. Mais comme il est patent que l'ex-ministre, l'auteur des bénignes ordonnances du 25 juillet jouit de toutes ses facultés physiques et morales, et que ce n'est pas impunément que l'on se joue du peuple français, témoin, l'exemple de Charles X, on le regarde donc comme de bonne prise, sauf à lui rendre la liberté et même à le récompenser s'il parvient à prouver, ainsi qu'il l'avance, qu'il n'a jamais eu en vue que le bien public.

Nous nous sommes alors étrangement trompés sur le compte de ce digne homme, nous tous qui l'avons regardé comme l'ennemi le plus acharné de nos libertés; mais on peut se tromper, et comme nous examinerons de près et les accusations portées contre lui et ses moyens de défense, nous rendrons justice à qui de droit.

En attendant, il a été transféré à Vincennes, malgré ses instances pour être écroué au fort de Ham.

Trois de ses anciens collègues l'avaient de fort peu de temps précédé dans le donjon. MM. de Peyronnet, de Chantelauze et Guernon-Ranville. Tous trois arrivaient de Tours : le premier veut jouer l'esprit fort et paraît toujours ne douter de rien : les deux autres sentent dans quelle position ils se sont placés.

Les Français sont dignes de prononcer sur le sort de leurs propres ennemis, et quel que soit l'arrêt qu'ils rendront contre eux, il sera dicté par la justice et l'impartialité.

CHAPITRE XVIII.

Conclusion.

UNE pieuse résignation avait pris la place, dans l'âme de madame Villecourt, de la violente douleur que lui avait causée la perte de son fils. Ses enfans avaient besoin de son appui, que deviendraient-ils s'ils en étaient privés? Il fallait vivre pour eux, mais pour eux seulement; car

l'amour maternel était le seul sentiment qui pût alors faire supporter
la vie à cette veuve infortunée.

Elle avait revu Amélie, le même
sujet excitait leurs regrets et leurs
larmes : elles aimaient à en parler,
à entretenir leurs douleurs en se rap-
pelant les belles qualités de celui qui
leur était pour jamais enlevé.

Rien ne pouvait adoucir les cuisans
chagrins de la pupille de mademoiselle Bernard. En vain cette bonne
amie lui prodiguait les plus douces
consolations ; en vain elle cherchait
à ramener le calme dans cette âme
trop vivement brisée, la jeune fille
promettait, embrassait tendrement
sa mère adoptive, et pleurait de nouveau.

Sa main reproduisit les traits de son bien-aimé : ce fut une douloureuse et agréable surprise pour la mère désolée. Chaque soir, chaque matin, et bien des fois dans le jour, Amélie contemplait cette image qui lui retraçait fidèlement les traits de son Ernest.

Souvent elle allait visiter sa tombe, quelquefois avec madame Villecourt ; mais elle aimait mieux être seule.

La vraie douleur se complaît dans la solitude ; comme le plaisir, elle aime le mystère.

La peinture était négligée : on travaille peu ou mal, lorsque le pesant fardeau du chagrin vous écrase de son poids.

Chaque jour voyait dépérir la douce Amélie, et chaque jour aussi mademoiselle Bernard s'affaiblissait :

« Que deviendra cette chère en-
» fant lorsque je ne serai plus ? di-
» sait un jour cette respectable femme
» à la mère d'Ernest ? sans protec-
» teurs, sans parens, sans amis, en
» proie à la douleur la plus amère,
» elle succombera.

— » Nous ne sommes pas menacées
» de vous perdre, mademoiselle Ber-
» nard, mais Amélie serait assez mal-
» heureuse pour perdre celle qui lui
» a servi de mère qu'elle en trouve-
» rait une seconde en moi.

— » Ah ! madame, je n'en atten-

» dais pas moins de vous; mainte-
» nant que je suis rassurée sur le sort
» de ma chère enfant, je mourrai
» plus tranquille.

— » Chassez d'aussi noires idées,
» Hélas ! nous n'avons déjà que trop
» des nôtres à pleurer.

— » C'est vrai; ce bon Ernest ! il
» était digne de mon Amélie et il au-
» rait fait son bonheur : je le con-
» naissais peu; mais assez cependant
» pour avoir pu le juger.

— » Ernest était aussi bon fils
» qu'il s'est montré bon citoyen : il
» a perdu la vie pour son pays, il
» l'aurait sacrifiée pour sa mère. Je
» ne me consolerai jamais de l'avoir
» perdu. »

Et les pleurs de la veuve coulaient de nouveau.

Ainsi que l'avait prévu cette pauvre demoiselle Bernard, le terme de sa vie était prochain.

Amélie fut forcée de reconnaître qu'elle allait bientôt perdre celle qui avait pris soin de son enfance et était son unique appui.

L'infortunée ne croyait pas qu'il y eût place dans son âme pour une nouvelle douleur : cependant l'inévitable séparation à laquelle il fallait qu'elle se préparât accrut tellement ses chagrins que madame Villecourt trembla pour sa vie.

Le bonheur est rarement, ici bas,

le partage de ceux qui le méritent
le plus.

Amélie enfin se montra plus rési-
gnée : elle s'accusait d'ingratitude,
d'égoïsme, parce qu'elle rendait plus
pénibles les derniers momens de sa
mère adoptive. Mademoiselle Bernard se méprit sur ce changement
qu'elle ne tarda pas à remarquer :
elle bénissait le ciel d'avoir enfin
donné à sa fille chérie le courage
nécessaire pour supporter tous les
chagrins qu'il lui plaisait d'accumu-
ler sur sa tête.

Elle mourut avant d'en avoir vu
le terme.

Madame Villecourt tint la promesse qu'elle avait faite. Amélie

quitta son cinquième étage pour aller habiter auprès de sa nouvelle famille.

Le temps seul pourra cicatriser une plaie aussi profonde et encore saignante. Sa recette est infaillible. Il n'est pas dans la nature de l'homme de toujours s'affecter pour la même cause, comme de jouir du même plaisir : cependant plus d'un infortuné miné par le chagrin est descendu dans la tombe, mais ce n'est guère à dix-huit ans qu'il est aussi profond et aussi durable.

Jules et Octave avaient continué de faire à la mère de leur ami de fréquentes visites. Tous deux étaient encore attirés chez la veuve par un autre sentiment que celui de l'intérêt qu'ils lui portaient. Ernest, nous l'avons dit, avait deux sœurs, l'une touchait à sa quinzième année, l'autre avait seize ans.

Leur mère avait elle-même présidé à leur éducation, et une aussi bonne institutrice n'avait pu faire que d'excellens élèves.

Aurélie dont les charmes avaient touché le cœur de Jules, était l'aînée. Sur ses traits charmans était peinte la douceur de son âme. Elle aimait avant même de savoir ce que c'est que d'aimer. Elle prenait pour de la reconnaissance le penchant secret qui l'entraînait vers Jules, mais il était facile de découvrir dans le sentiment qu'elle avait conçu pour l'aimable élève, tous les symptômes de l'amour. Madame Villecourt, quoique absorbée par ses peines, ne tarda pas à remarquer la naissante inclination de sa fille. Les parens de Jules étaient fortunés, et Aurélie ne devait avoir pour dot que ses vertus et sa beauté. Aux yeux de son amant, c'était beaucoup sans doute; mais le père y regarde de plus près que le fils, et madame Villecourt songea à épargner à sa fille de cruels chagrins, en arrachant de sa jeune âme la passion qui s'y était glissée. Elle s'en expliqua ouvertement avec Jules qu'elle trouva beaucoup plus épris qu'elle ne l'avait d'abord supposé.

« Et si j'avais le consentement de

» ma famille, me serait-il permis d'as-
» pirer à la main de votre adorable
» fille? »

La mère d'Ernest estimait l'ami
de son fils, et cette alliance, si elle
l'avait supposée possible, aurait
comblé ses vœux les plus chers. Jules le sait à peine qu'il part, va trouver sa mère, lui fait l'aveu de sa
flamme, l'assure qu'il ne sera heureux qu'en possédant son Aurélie, et
parvient à l'en convaincre. De tout
temps le père de Jules avait été de
l'avis de sa femme, de laquelle il tenait d'ailleurs toute sa fortune, ce
qui n'est pas toujours une raison
pour que l'épouse tienne les rênes
du ménage : mais pour cette fois il

en était ainsi. Jules était fils unique et chéri de ses parens qui ne l'avaient pas habitué à des refus. Heureusement pour lui que son heureux naturel l'avait emporté sur la manière dont il avait été élevé, car il aurait dû être un petit tyran ; mais envoyé fort jeune au collége, il avait perdu les mauvais principes qu'il avait d'abord reçus. Aussi sa mère le regardait-elle comme un être parfait, et sans partager entièrement son enthousiasme, nous dirons que Jules avait toutes les qualités qui peuvent acquérir à ceux qui les possèdent l'estime et l'amitié de leurs concitoyens, voire même de leurs concitoyennes.

Cédant aux vives instances de son

fils, la mère de Jules vint avec ce dernier à Paris : il voulait absolument
lui faire connaître l'objet de son
amour. Madame M... après avoir vu
Aurélie, ne fut plus étonnée de ce que
son fils s'était laissé éprendre par tant
de charmes. Madame Villecourt lui
parut également une femme d'un mérite peu ordinaire, et elle pensa que
Jules pourrait trouver le bonheur
dans l'union qu'il désirait.

C'était fort bien juger, Jules était
ivre de bonheur : il voulut encore
que sa mère fît connaître à madame
Villecourt qu'elle approuvait sa passion et se chargeait d'obtenir le consentement de son père, afin qu'il pût
avoir la liberté de voir son Aurélie
aussi souvent qu'il le désirerait. Une

bonne mère ne résiste guère aux désirs d'un bon fils, surtout lorsqu'ils lui paraissent raisonnables. Madame M..... consentit facilement à cette démarche, et de ce moment la main d'Aurélie fut solennellement promise à l'heureux Jules.

Madame M.... ne pouvait beaucoup prolonger son séjour à Paris : sa maison qu'elle dirigeait entièrement souffrait de son absence ; elle annonça donc son prochain départ.

Mais elle ne l'effectua pas sans avoir fait promettre à madame Villecourt d'aller passer quelque temps auprès d'elle avec toute sa famille, avant l'arrière-saison.

La bonne Amélie fut comprise dans cette invitation.

Madame Villecourt se montra reconnaissante de ces égards. Madame M... avait acquis son estime, et elle n'était pas fâchée de connaître intimement la famille à laquelle sa fille devait s'allier.

Deux ans devaient encore s'écouler avant que les jeunes gens fussent unis. Jules s'était récrié sur le long martyre auquel on le condamnait; mais, à cet égard, sa mère et madame Villecourt elle - même avaient été inexorables.

Aurélie aussi trouvait ce terme par trop reculé; elle le pensa seulement sans oser l'exprimer.

Octave, tout en complimentant son ami sur son bonheur futur, laissa échapper quelques soupirs qui firent soupçonner à ce dernier une partie de la vérité.

Bientôt il la découvrit toute entière, et força Octave à lui faire la confidence de son amour.

M. Villecourt avait servi dans le même régiment que le père d'Octave; les deux familles se connaissaient, s'estimaient et ne pouvaient que saisir l'occasion de resserrer encore plus étroitement les liens de leur intimité. Jules se chargea d'abord de faire connaître à sa future belle-mère les sentimens de son ami, et il ne lui fut pas difficile de les faire agréer, la veuve étant certaine que les parens d'Octave ne mettraient aucun obstacle à une union de laquelle il avait même été question souvent entre eux. L'avenir de ses enfans paraissait donc devoir être heureux. Le petit Étienne devait être incessamment placé dans un collège : une bourse avait été obtenue par sa mère : l'enfant ne cessait de répéter qu'il voulait être soldat comme son père; mais il avait soin de ne le dire qu'en l'absence de sa mère, parce qu'il s'était aperçu que toutes les fois qu'il exprimait ce désir, elle versait des larmes.

« Ah ! se disait-elle souvent, si mon
» époux, si mon Ernest ne m'avaient
» été ravis, y aurait-il une femme,
» une mère plus heureuse que moi?

» mais, hélas ! le bonheur m'arrive
» lorsque je ne puis plus en jouir. »

Amélie avait repris ses pinceaux; elle avait une élève, c'était la charmante Ernestine, la plus jeune des filles de madame Villecourt. Sa ressemblance frappante avec Ernest, son nom qu'elle portait la rendaient chère à la triste orpheline. Ernestine aussi la chérissait comme sa sœur. Le temps sans doute diminuera la violence de ses chagrins, et quelques jours de bonheur pourront encore luire pour elle.

FIN DU TOME TROISIÈME.

TABLE

DU TOME SECOND.

TABLE

DU TOME TROISIÈME.